周囲がざわつく自分になる

必要なのはコスメではなくテクニック

ヘアメイクアップアーティスト
KAORI NAGAI
長井かおり

ダイヤモンド社

みなさん、初めまして。長井かおりと申します。私は普段、さまざまな雑誌やＴＶなどでモデルや女優のヘアメイクを担当し、同時にメイク講座でのべ３０００人以上の方にメイクをお教えしてきました。

レッスンで私が何よりもみなさんに身につけてほしいと思っているのが、「テクニック」。テクニックさえ身につけることができれば、いつでも、どんなコスメでも自分の力だけで美しくなれるからです。講座に参加された生徒さんからは、

一番すごいと思ったことは、同じ肌なのに、メイク法を変えただけできれいなツヤが出たこと。肌のツヤがいかに大切かを思い知らされました。(30代)

一年中日焼けしていて、くすみやたるみも現れてきたわたし36才の肌を「キメ細かなツヤがある私らしい黄み肌」に変えてくれました。(36歳)

とにかくキープ力がすごい！　メイク直しを殆どしなくなりましたし、周りからも肌がキレイと言われるようになりました。おかげさまで、実年齢より若く見られます！(40代)

知らず知らずのうちに「自分(だけがいいと思っている)のメイク」を確立させてしまっていたことに気付かされました。(20代)

長井さんのレッスンは、これはダメ！　ってスパルタな時も含め(笑)、明確でとにかく楽しい！　なのでまだまだレッスンを受けていきたいです。(30代後半)

Introduction

［ はじめに ］

などなどの声をいただいています。

色々な雑誌で「コスメ」の特集はあっても、「具体的なテクニック」の特集はありません。もしかしたら、多少それを知ったところで、自分の顔は変わらないだろう、と思っている人もいるかもしれません。

しかし、だまされたと思って、この本の中で紹介する手つきで化粧水を塗ってください。目尻の小じわくらいは2週間で消えます。ビューラーの上げ方を知ると、まつ毛が見たこともないくらい上がるでしょう。ベースメイクを極めれば、化粧直しの必要がなくなります。メイクにとって大切なのは、コスメではなくテクニックなのです。

テクニックを身につけると、忙しい日々でも、顔色の悪い朝でも、年齢による変化も、怖くありません。私の講座の生徒さんたちが、元の顔はそのままなのに、どこかあか抜け、みるみる輝いていくのは、それもこれもゆるぎない美しさの基本を身に着けたから。私はプロの現場で得たテクニックを、どうしたら一般の方にも体得してもらえるかずっと考え続けてきました。この本では、その成果をあますところなく紹介しています。この本の順番通りにやってみてください。ムダなものはひとつもありません。これから先、自分を美しくし続ける力を、あなたも手に入れてください！

Chapter 0 IDEAL MAKE-UP
目指すのは「まわりがざわつく」メイク

Chapter 1 SKIN CARE
スキンケアで大事なのは「手つき」

Contents

Contents

Chapter 3 EYES

目を大きく見せるのはコスメじゃなくてテクニック 140

Contents

Chapter 5 BLUSH & LIPS 好感度のすべてはチークにある 200

Contents

Chapter 0 序章

IDEAL MAKE-UP

目指すのは「まわりがざわつく」メイク

Chapter 0 | IDEAL MAKE-UP

01

「あの人って、本当はすごく可愛いんだね」と言われるメイクを目指す

世の中には、たくさんのメイクがあります。きれい、グラマラス、可愛い、クールなど。メイクで「変身」はどんなふうにでもできるのです。

選べるからこそ、あなたがするのはどんなメイクでしょうか？

私は「メイクが上手だね」はほめ言葉ではないと思っています。むしろ誰かに言われたら危険な言葉。人の目につくメイクは、失敗です。メイクは「あなた」を輝かせるためのものですから、あなたより目立ってしまったら失敗なのです。そして「変身」メイクは、とても目立つものです。というのは、「こう見せたい」という思いが強く出てしまっているメイクは、ひとつの雰囲気しか出せないのでたいてい不自然になるからです。

「変身」メイクは、本来のあなたを隠してしまう恐れもあります。「どんな人か分からない」と言われたら、メイクがマイナスに出てしまったことになります。メイクを、本質を隠す仮面にだけはしないようにしましょう。

それでは、理想のメイクとはどのようなものでしょうか？

私が考える、目指してほしいメイクは、ざっくりと「いい感じ」になるメイクです。メイクを変えたのか？　ファッションが変わったのか？　それとも恋をしているのか？　人にはどこが変わったのか分からないけれど、「なんだか違う！」と言われるメイク。

これをゴールにするのがいちばん。そうすることで、はじめにでご紹介したように「人生が変わった！」という人たちも大勢います。「あの人、雰囲気いいよね」「彼女って、本当はすごく可愛いんだね」と言われるメイク。メイクが目立ってしまうのではなく、自分の持つオーラを気づかぬうちに変えてしまう。そんなメイクを、ぜひ手に入れてください。

02

身につけるのは「たったひとつのメイク」だけにする

「洗練されたね」
「キリッとして見える」
「可愛くなった」
「赤ちゃんの肌みたい」
「大人っぽくなったね」

これらのセリフは、私のレッスン後に、生徒さんたちがそれぞれの印象を言い合っているものです。
私がレッスンで教えるメイクは、たったひとつのパターンのみ。顔型、髪型、ファッション、年齢、肌質……に合わせて化粧品や塗り方を変えたりしません。カラーも一緒。どんな輪郭の人も、20代も70代も、どんなファッションでも、全員同じメイクをしていきます。

みんな同じメイクなのに、レッスン終了後にはいろいろな言葉が飛び交います。何十人もいる教室で「あなたの顔は目元を強調して」「あなたは眉ね」と、一人ひとり個別のアドバイスはしていません。全員が同じプロセスで、同じメイクをしていくのですが、仕上がりの印象は人それぞれです。

不思議だと思いますか？　確かに、いろいろな雑誌やウェブサイトでは「顔の雰囲気別」「顔型別」「年齢に合わせた」「ファッションコーデに合う」のように、似合うメイクを細かく提案しています。私の肌色には何色が合う、というカラー診断もあります。でもそれは、本当はすごく難しいことです。たとえば、「可愛い系の顔ならこのメイク法」と言われても、だいたいの人の顔は可愛い系や、きれい系などいろいろな系統がミックスされていますし、肌色もそうです。自分の顔がどんな顔だというのは、断言できないものです。

私が教えるメイクは、そんな細かいことは気にしなくてもいい「誰もが似合うメイク」です。

02

私は常々「どうしてわざわざ顔タイプ別に分けるのだろう」と思っていました。いいメイクは、顔ごとに分ける必要なんてありません。人はそれぞれ顔が違うので、顔のパーツが最高にきれいに見えるメイクをすれば、おのずと最高の美しい顔が手に入るのです。

これからお教えするメイクはそんな最高の顔が手に入るメイクです。それだけではなく、シーンも選びません。実は、この本の中で、カバー、各章の最後に入っているモデル写真のメイクは、全部同じです。洋服が変わっているだけ。このメイクは普段の街歩きからパーティまで、すべてのシーンでの最高の自分を見せます。このメイクは、どんなファッションにも似合うのです。

流行のメイクは、実は顔を選びます。たとえば最近では長くフサフサのまつ毛エクステをしている方も多いですよね。しかし、このまつ毛エクステは目の下に影ができてしまい、人によっては目を小さく見せてしまいます。まつ毛エクステをやってはいけないということではありません。その前に、基本の「最大にまつ毛を上げてみる」ことをして、自分の目の最大値を知ってほしいのです。まずは自分を知ることが、スタートラインです。

それは、流行中の赤チークでも言えます。チークの基本の入れ方を知らない人が、赤チークからトライしたら、「おてもやん」みたいになってしまうかもしれません。

どんな流行にも左右されない、自分が美しく見える顔を手に入れてみましょう。テクニックを身につけることができれば、流行もその日のシーンに応じて取り入れられます。

まずは誰もが似合う、どんなファッションにも、シーンにも合う、そして「なんか素敵な人ね！」と言われるこのメイクを自分のものにしましょう。

03

メイクはファッションほど早く流行が変わらない

定番とはいえ、私が提案するメイクには、もちろん流行感もあります。ツヤ肌、太眉、抜け感……。これらは、どれも今の顔をつくるキーワードです。そして、目にすることが多い時代の顔と呼ばれる女優さんや、化粧品メーカーのCMに起用される人たちは、みんなこのキーワードを押さえています。

20代なら石原さとみさん、30代なら綾瀬はるかさん、40～50代なら小泉今日子さん。全員が濃いグラデーションのアイシャドウはしていませんし、細すぎる眉の人もいません。今の時代を代表するキーワードは、年代問わず共通しています。

また、メイクはファッションほど流行が早く変わりません。ファッションの場合、今のアイテムが、半年後には「もう履けない」ものになったり、1年で着られなくなったりするものもありますが、メイクは、1年前のメイクじゃ恥ずかしい……ということは、まずありません。

細い眉が20年かけて少しずつ太くなってきたように、メイクは劇的に変わらないのが特徴です。だから、この本で紹介している「たったひとつのメイク」はずっと先まで役に立つことをお約束します。

04

異性にも、同性にも、
年上にも、年下にも、
すべての人に好かれる

たったひとつのメイクのみでＯＫで、しかも誰もが旬顔になり、メイクのおかげで変わったと気づかれない……。これだけでも十分、お得感があるのですが、これまでレッスンを受けてくださった方々の声を集めてみると「誰にでも好かれる」という共通の声が聞こえてきます。

プレゼンがうまくいった
営業先のお客様に好印象だった
彼氏のご両親が「美人さんね」と言ってくれた
女友だちから「本当にきれいになったよね」と言われた
男友だちからも「可愛くなった」と言われた
授業参観で子供にも喜ばれた

えっ？　子供にまで？　と思うのですが、老若男女問わず、好感度の高いメイクが、私がお教えするメイクです。
外資系の会社の営業の女性たちにメイクの研修をしたことがあるのですが、どんな

04

に若い方でも、以前に言われていた「仕事の成果を出すには、眉は濃く、眉山の角度をつけて意思の強さを出し、アイラインはしっかりめ、チークはなし」といった話を信じていました。

でもこんな「強い顔」の人に営業に来られたら、どうでしょうか？　濃い眉、濃い口紅、強い色のアイシャドウの女性が目の前にいたら……この女性から商品を買いたくなりますか？

ここはやはり、その人がどんな人か分かるナチュラルなメイクの方が、親しみやすいでしょう。「近寄りがたい」よりも、人柄が見えた方がずっとお得です。

これは、どのシーンでも言えることです。たとえば、彼のご両親に初めて会うとき。頑張って、しっかりメイクをしようと思うかもしれません。しかし、慣れないしっかりメイクをして「化粧が厚い」と思われても残念です。それより、いつもの自分を、自分らしく見せるメイクの方がずっと素敵です。

こういったメイクは、こなれ感、親しみやすさ、ナチュラル（やりすぎない）といった時代の流れにも合っています。ぜひ、最高の好感度が手に入るこのメイクを身につけてください。

モード寄りの、マットな肌に赤いリップの強いメイクも、似合っている人は素敵です。でも、一度は「誰にでも好印象」を経験してみるのもいいのではないでしょうか。このメイクは、あなたがどんな人か、好印象を持って伝えられる飾らないメイクです。

とくに毎日変わったことをしているわけではないのに、あなたの通常が「好印象」に変わります。

メイクは、どんな印象で生活したいかを決めるもの。ひいては人生を左右するものです。

05

いいメイクは「総合的に美しくする」メイク

メイクの基本の考え方は、「総合的に自分を見て、総合的にきれいなる」こと。そのためには、コンプレックスばかりを見て、「顔を小さく見せたい」「目をクリッとさせたい」といった具合に、悪いところをカバーしようと思ってはいけません。メイクは、カバーするためにはありません。良いところを引き立たせることを考えるのが、いちばんのポイントです。

私は、どんな顔型、大きさ、パーツでも、シミやシワがあっても、その人の美しさを引き出すことは100%可能だと断言します。プロのヘアメイクとして、モデル・女優から一般の女性、それも10代から70代までの方にメイクをしたり、メイクを教えたりしてきたことから、必ず、その人を生かすポイントがあると確信しているからです。

しかしレッスンなどで教えていると、まず自分のコンプレックス話が出てきます。私は話を聞きながら「そこは、そんなに気にならないっ！」と思うことがしばしばです。とくにいちばん耳にするのが、「シミが……」「シワが……」「クマが……」です。

05

でも、そのシミ、シワ、クマは人からはそんなに見えません。ものすごく顔を近づけてみて、ようやく気づくくらいです。友だちはもちろん、彼や旦那さんすらそんなに近くからは見ないものです。

目が小さいとか、眉の生え方が変だとか、生まれ持ったパーツを気にしていることもあるかもしれません。でも、それは変えられませんし、隠そうとしすぎると、不自然で「メイクが濃くてなにか失敗している顔」になってしまいます。

どんな顔も生かす方法は、自分の分析と、テクニックです。つまりは、自分の努力次第。欠点は関係ありません。

まずは良いところ、伸びる可能性があるところを知って、そこの印象を強くするのが美しさへの近道です。仕事でも勉強でも、スポーツでも、まずは良いところを伸ばせ！　と言うじゃないですか。メイクも同じです。

メイクを「悪いところをカバーする」ことだと思っている人が圧倒的に多い中、「良いところを目立たせる」に力点を置くと、一気にまわりとの差がつきます。

メイク下手はコンプレックスを見て、メイク上手はチャームポイントを見ています。あなたが思っているコンプレックスは、あなたの美しさを何も傷つけていません。いいところを伸ばすのが、いいメイクだと覚えておきましょう。

自分次第でなりたい自分になれるのです。

チャームポイントは メイクをしながら やっと分かる

「いい眉毛をしていますね」「まつ毛が長い！」「素肌がプルプルじゃないですか〜」などなど、これは講座中の私のセリフです。生徒さんのいいところがどんどん見つかるので自然に言葉が出てきます。さきほども言った通り、「自分の美しい部分」を即座に見つけることが、メイクにとって大切なことだからです。

チャームポイントを見つける作業は、雑誌やテレビなどでモデルや女優たちをメイクするときにも、最初にしていることです。

私がお会いできればあなたの「ここ！」というポイントを、すぐにお伝えできるのですが、そうもいかないので、ぜひ自分で見つけてください。

自分のチャームポイントを見つける方法があります。しかしそれは、メイクをして初めて分かるものです。

たとえば「私はまつ毛が長いから、ちょっとビューラーで上げるだけで目がすごく大きくなる」とか「眉毛はきれいだから、あまり描き足さなくて大丈夫みたい」というように、メイクをしていく中で、簡単に、早く仕上がるパーツが出てきます。「コンシーラーはいらないみたい！」とか「毛穴を隠さなくてもいいかも」という、まったくメイクをしなくていいパーツすら出てくるかもしれません。こういった手をかけなくても良いパーツが、あなたの美しいところです。

最初は、本人にとって意外なところがチャームポイントかもしれません。でも、そこを意識して、よりきれいに見えるように気を使っていると、あなたがまとう雰囲気が変わります。

コンプレックスに対処しているなんて、負けるイメージを必死でかき消しながら戦っているようなもの。メイクはまず勝ちに行く気持ちが大事です！

07

まずテクニック、コスメはその後

「あのブランドの、カバー力がすごいっていうファンデを使っているのに、シミが消えないんです。何か良いファンデ、ありませんか？」
「今、ＣＭでやっているあの化粧水、効いているかいないかよく分からないいんですけど、他にいいものありますか？」

こんな風によく聞かれます。そして、いろいろおすすめもしています。

でも、そのだめなコスメを捨てるのはちょっと待って！　もったいないです！

通常、メイクのテクニックは自己流か、家族やコスメカウンターで教えてもらうぐらいでしか習えないもの。だから、テクニックが問題の場合も多いのです。

たとえば、「ファンデにカバー力がない」人の場合、スキンケアや下地の段階があまかったり、ベトベトの肌状態の上に塗っていたりする可能性が大です。また、実は必要以上に塗っているなど、使用量の間違いもあります。化粧水の場合でも、正しい塗り方を知れば、肌は驚くほどプルプルになるものです。

この本では、正しいテクニックが身につくように書いています。安心して読み進めてください。正しいテクニックを身につけられればメイクが崩れることもないし、高いコスメをそろえる必要もありません。自分に必要なものを、適切にそろえることができます。

「高かったのに使えない！」「意外とだめね、あのブランド」と思うことがあったら、むしろチャンスです。この本の流れに沿って使ってみると、自分の中でしっくりこなかったコスメ達が効果を出し始めます。自分のテクニックで、コスメはより生きてきます。安心してこの本を読み進めてください。

08

朝のメイク時間は美しくなるためのトレーニング

残念ながら、メイクは瞬く間に上達するものではありません。でも、毎日するものです。日常生活の中で、自分のテクニックを鍛え、確かなものにしていきましょう。大切なのは今からお教えするメイク方法を実直に続けられるかどうか。これが「最近、なんかいい感じね」と言われる鍵を握っています。

メイクは毎日する、歯を磨くような「習慣」です。すでに身についている習慣をやめて、新しいものを身につけることは、最初は違和感がつきまとったり、つい元に戻ったりするでしょう。それはしょうがないことです。だから、とりあえずできたら自分をほめる、という気持ちで気長に行ってください。一度習慣にさえしてしまえば、一生もののテクニックが手に入ります。今やってみて損はありません。

そのためには、まずは30分のメイク時間を確保しましょう。ちょっと慣れない手順、手の使い方、塗り方だろうと思うので、化粧水からメイクの仕上げまで、30分くらい見ておくことをおすすめします。

そして、ゆっくりでいいので、丁寧に行いましょう。時間がかかってもいいので、

08

丁寧にすることで逆に早く身につけられます。慣れればメイク時間は最終的に10〜15分くらいになります。

実直に行うことで日々テクニックは上達し、たとえば塗りムラがなくなってお肌がよりきれいに見え、日一日と美人への階段を駆け上がるスピードも速くなるはず。最初が肝心で、それを習慣づけられればいいのです。忙しい朝の時間ですが、頑張って確保してください。

初めは、難しく思うかもしれません。でも、積み重ねた時間は絶対に裏切りません。それは私自身が経験してきたことでもあるし、続けた女性たちがどんどん成果を上げていることからも断言できます。

メイクは日々の積み重ね……というのは、実は私が根っからの体育会系で育ち、積み重ねた努力は裏切らないと信じているからです。私は小学生のときにバレーボールを始め、大学は体育大学とずっとスポーツをしていました。メイクの勉強をしたのは就職してからです。

メイクもスポーツと同じで、基本の型があり、すればするほど上達していきます。

顔に関係なく、「やったことは裏切らない」種類のものです。

練習していない難しいサーブが、ある日突然、打てるようになることはまれです。でも、練習を続けていると、ある日突然できるようになる日がきます。「えっ！ 今、できたっ！」のような感じで、本当にある日突然、それは訪れるのです。結果を出す方法は、メイクもスポーツも同じで、シンプルです。

09

今のメイクは化粧崩れしない

「30分もかかるのか〜」と思った人も多いでしょう。でも、その30分は無駄になりません。なぜなら、これからお教えするメイクは落ちない、崩れないからです。日中のメイク直しが必要なくなるのです。

私は趣味でランニングをするのですが、なんと、フルマラソンを走った後でも崩れていない！　汗にも負けないことが立証済みです。

「お直しに使えるファンデってありますか?」「簡単なメイク直しを教えてほしい」という質問を、たくさん頂きます。でも、残念ながら一度仕上げてしまった後は、本当は何もできません。メイク直しはリップ以外気休めにすぎません。

時間がたち、ファンデと皮脂がなじんでいる状態に、ファンデを重ねれば厚塗りになって当然ですし、チークを入れてもムラになって不自然になりがちです。ファンデをした後から、自然な肌ツヤや潤いを出すなんて、プロでも難しいものです。

そこで私がいろいろなコスメで実験を繰り返して出来上がったのが、朝一度メイクをしたら、一日中崩れないメイク。この本にはそのテクニックがあらゆるところに散りばめられています。目の下にマスカラが落ちてつくことも、Tゾーンの激しい化粧崩れもありません。

ちなみに、普段、私が持ち歩いているコスメは「色つきリップ」と「ハンドクリーム」のふたつだけ。大きな化粧ポーチを持ち歩き、化粧室で直すのは意外と面倒なことですが、その手間からも開放されるでしょう。

ぜひ、落ちない&崩れない、いつ会っても「なんか、あの人って素敵！」と言われるメイクを手に入れてください。

10

３ヶ月で、
プロ級のテクニックになる

「自分の美しい箇所」が見つかり、どんなファッションスタイルにも合い、崩れないメイク。それがこの本でご紹介するメイクです。「自分に似合う」「こなれた感じ」に仕上げるには、自分の体で覚えましょう。一度習っただけでは「自分とのフィット感」を得るのは無理です。「素敵ね！」は、一日にして成らずです。

このメイク法にトライすると、人によってはいつもの顔とずいぶん違うので、少し恥ずかしい気持ちになるかもしれません。でも、自分だけで判断せず、誰かに見せてください。思った以上の良い反応に驚くはずです。

ビューラーの使い方が身についてくると、次第に１ミリ１ミリ、まつ毛が上手に上げられるようになります。その１ミリが、確実にあなたをきれいに見せていきます。ファンデも、最初はやはり厚かったり薄かったりします。

でも、続けた分だけ、目は大きくなります。続けた分だけ肌の潤いも段違いに出てきます。そして、テクニックが身につき、肌状態が万全になれば、「最高の自分」が、数分で毎日のように手に入るのです。

そこに到達するまでの時間は、約3ヶ月。その間、どんどん時間が短縮され、腕が上がっていくと思いますが、それを3ヶ月やり通すと、プロ顔負けのテクニックが身につけられます。

とりあえず2週間行うと、習慣づけられます。そして短い時間でできるようになっても初心を忘れずトレーニングする気持ちで、3ヶ月間続ければ、プロのテクニックが手に入ります。

それは一生使えるテクニックになります！

Chapter

1

SKIN CARE

スキンケアで大事なのは「手つき」

11

とにかく目指すのはツヤ

顔にいちばん必要なのは「ツヤ」です。ツヤがある肌は、まず「素肌感」を感じさせます。加えて、パーンとしたハリ、つまり「若々しさ」も連想させます。多少のシワやシミなどは、ツヤで目立たなくもなります。ツヤが、素肌感と若々しさを見せるのです。

とくにパウダーファンデーションは使わないようにしましょう。パウダーは、もともと人間の肌にない質感なので、どうしても「何か塗っている」肌に見えてしまいます。だから、メイクをしている感が否めません。必ずリキッドを使いましょう。

日本人は肌がもともときれいですから、ツヤを大切にすると美しさが引き立ちます。各化粧品会社も、わざわざアジア向けにツヤの出るファンデーションを開発しているほど。すでに大ブームなので、ツヤ肌を意識していない人は、「古い顔だな……」と思われてしまうこともあるでしょう。

ただ、ツヤも出しつつ、一日中崩れないメイクを実現させるのは至難のワザです。たまに、「すっぴんみたいなメイク」ではなく、夕方になると、「本当のすっぴん」の女性もいますが、これは絶対だめ！　何もしていないふうで、ちゃんとしているメイクが、「なんか素敵ね」と思わせるのです。

　このツヤのためにいちばん重要なのが、「朝のスキンケア」。朝のスキンケアは、日中のツヤのためにあります。だからこそ、朝のスキンケアには、夜のスキンケアよりも「気合い」を入れてください。朝のスキンケアは、もちろん肌も整えますが、同時にメイクにとってとても大切な「ツヤ」をつくるものです。スキンケアがきちんとできれば、メイクのキープ力も違います。

　朝のスキンケアで身につけるのは「手つき」。化粧水はそのままでも、手つきを変えるだけで肌が確実に変わります。皮脂でファンデが崩れることも、カラーが落ちることもありません。小ジワやほうれい線が改善されたり、薄くなったりした！　という驚きの声もよく聞きます。これから、その方法をお伝えします。

12

グングン化粧水が入り込む肌は、「顔を洗って、1秒以内」にかかっている

もっちりプルプルの肌づくりは、顔を洗った後の瞬間が、いちばんの勝負です。ここですするのは、「すぐにローションを浴びること」。顔を洗った瞬間から、肌の水分はどんどん蒸発していきます。ですから、まず顔を洗った1秒以内！　にローションを浴びましょう。

「浴びる」と言いましたが、ここで使うのは「ミスト状の化粧水」。ミストローションだと、手軽に素早く、シュッとかけることができるからです。洗面所にミストローションを置いておくといいでしょう。

ミストローションの役割は、肌を1秒たりとも乾かさないためだけに使うので、安いもので構いません。後からきちんと化粧水を入れ込むので、ここは、水に近いようなライトなものを使いましょう。詰め替え用のお得な値段のローションを、１００円ショップのスプレー容器に入れて使ってもいいですね。

顔を洗ってすぐにミストローションを浴びる理由は、乾かさないことだけではありません。こうすることで、肌をふやかした状態をキープすることができ、後のスキン

12

ケア商品たちがしっかり肌に入ります。

一回スプレーを浴びても、すぐに乾いてしまう……という人は、乾きやすい肌になっているのかもしれません。

もう乾かないな、と感じるまで何回も浴び続けましょう。

顔だけではなくたとえば、お風呂上がり。体を拭いた後、やはりどんどん全身の乾燥が進みます。だから、体を拭く↓全身ミストローションを浴びる、をひと動作に習慣づけましょう。

ミストローションを浴びたとき、手のひらで伸ばしたり入れ込んだりする必要はありません。細かい霧状で、しかもライトなテクスチャーなので、触らなくても肌にすぐ浸透するからです。むしろ、手で触ってはいけません。すぐに乾いてしまいます。

朝のミストローションは、その後のスキンケアの通り道をつくる大事なベースです。これを習慣にできれば、肌の状態が確実に違ってきます。美容液や乳液、クリームの効果をしっかり受け入れられる肌になるので、高いスキンケア効果のある化粧品を使ったときも、間違いなく肌に入ってきます。
美肌の第一歩は、朝のミストローションにあり！　なのです。

13

プルプルのお肌をつくるのは、化粧水だけ

最初のミストローションは、化粧水を染み込みやすくする土台であり、あくまで「つなぎ」です。顔を洗った後、部屋を移動する間に肌を乾かさないためのもの。お肌はとても乾きやすいので、ちょっと移動するだけのわずかな時間でも、ローションで肌を濡らしておくことを忘れないようにしましょう。

さて、いつものスキンケアをする場所に移ったら、ここで、ふたつめの化粧水を使いましょう。

お肌の本当のみずみずしさは乳液でもクリームでもなく、化粧水だけがつくってくれます。だから、ここでしっかりとローションを入れ込んでください。この「ダブルローション使い」が、いくつになっても透明感のあるジューシーな肌をつくる秘訣です。

ここで使用するローションは保湿力が高いものを。ミストローションよりは、高価なものがおすすめです。

ただ、気をつけてほしいのが、とろみのある化粧水。保湿力が高

いといわれているローションには、とろみが強い商品が多くありますが、とろみはそれが邪魔をして、肌に浸透しづらいことがあります。とろみがあるローションすべてが悪いわけではありませんが、保湿力が高いものの中で、とろみ感が強くないものを使うことをおすすめします。おすすめのローションなどは、この章の最後に載せていますから、ぜひ参考にしてください。

そして、このローションをジャブジャブと手のひら全体に取ります。規定量の1・5〜2倍ぐらいです。こうすると、手からローションがこぼれるぐらいの感じになります。ローションは、ミストタイプもセカンドローションも「たっぷりの量」を使うことが、ツヤ肌の秘訣です。

14

ローションは高いものより、ジャブジャブ使えるもの

化粧水がお肌をつくると言っても過言ではないので、セカンドローションの量はとにかくケチらないでください。手のひらにジャブジャブ取って、顔を洗えるぐらいの量が目安です。

前にもお伝えしましたが、「新製品の○○を使っているのに、効果が感じられない」というのは使う量や手つきが間違っている場合が実に多いのです。

ですから、ローションはたくさん使える値段のものを探しましょう。高いローションを買うと、つい規定量ぴったりか、それより少ない量を肌に押し込むように力を入れて使いがちです。化粧水で大事なのは、価格より量です。

化粧水のみならず、スキンケア商品は全体的にたっぷり使ってナンボです。とくに、ローションをケチると、保湿力が低下するだけでなく、その後のスキンケアアイテムの効果も薄くなってしまいます。それならば、いろいろな効果がうたわれている高い商品より、

たっぷり使って心が痛まない商品を選んだ方が、実は肌にはすごくいいのです。効果・効能が魅力的なものでも、量をケチるとその効果は得られません。その後のスキンケアアイテムの効果まで下げて、本末転倒になってしまいます。

この後お伝えするテクニックの「手つき」さえしっかりしていれば、どんな化粧水でも、それらが持つ効果の最高値が得られます。値段の割に高機能のローションは近年たくさん出てきているので、いろいろ使って試してみてください。

15

塗るときは指だけではなく手のひらいっぱいに使う

手のひらいっぱいにローションを取ったら、さっそく顔全体になじませていきましょう。規定量の1・5～2倍、手からローションが垂れるくらいが適量です！

ローションを生かすか殺すかは、あなたの手のひらに大きくかかっています。まず両手を軽くすり合わせて、手のひらのすみずみまで化粧水をいき渡らせ、ちょうど顔を洗うときの様な手つきにします。

そして、そのまま両方の手のひらで顔を包み込むようにしながら、顔全体にしっかりなじませていきましょう。まず頬、おでこ、鼻、そして口元。

必ず指だけではなく、手のひらまで使って塗っていきましょう。私は「カラスの足跡」と言っているのですが、どうしても指だけだと、塗った箇所が点々になり、塗りもれが多くなります。

顔の広い部分に手のひら全体でなじませることができたら、次に目のキワと鼻のまわり、そして口のまわりといった細部を塗っていきましょう。この細部まで手をいき渡らせることが、スキンケアの中でとても重要です。

16

目を開けたまま化粧水を塗ると、目尻のシワが消える

目のキワ、鼻のまわり、口のまわりは「小ジワと毛穴が気になる」部分ですよね。これらの悩みは、ローションをきちんと伸ばせていないことも大きな原因です。

つまり、目の下のキワキワまでローションを入れ込み、ほうれい線の溝にもきちんと塗れば、シワは改善していきます。とくに、目尻の小ジワは2週間あれば消えてしまう人もいます。また、ある35歳の生徒さんは、「2年間頑固にあったほうれい線が消えた！」とも言っていました。

これらの方法はとても簡単。目を開けたまま化粧水を塗ることだけです。目を開け、鼻の下を伸ばして上を見て目玉を上げましょう。そして、目の下のキワ、もう粘膜近くまで指の先でローションをつけるのです。

最初は目の中にローションが入りそうになる人もいると思いますが、ゆっくりやってみましょう。だんだん上手になっていきます。

その後、また鼻の下を伸ばしましょう。小鼻のまわりにもたっぷ

り塗ります。そして、口をムンクの『叫び』の絵のように伸ばし、口元もキワまで塗ります。こうすることで、ほうれい線の溝にもしっかりローションが塗り込まれます。

レッスンでこの方法を伝えるとき、私自身がデモンストレーションをするのですが、毎回、笑いが起きます。つまり、変顔をするときちんとローションが塗れるということですね。

でも、声を大にして言いたいのは、きれいごとだけでは、美しくはなれない！　ということです。きれいな人は、必ず陰で変顔をしながらスキンケアをしています。顔には無数の凹凸があって、なかなか均一に塗れないものです。出っ張っている部分だけにローションを塗っていたら、ツヤ肌はいつまでたっても手に入りません。

この塗り方はとても大事なので、最後の特別袋とじの中に写真を載せています。ぜひ参考にしてください。

17

スキンケアの癖を取るのは大変なので、毎日気長に

レッスン会場で、皆さんのスキンケアの様子を見ていると、癖を直すのが難しいことを感じます。手のひらではなく、指の腹だけで顔をシャシャッと触って終わっていたり、鼻を伸ばすのを忘れてしまったり。毎日の習慣なので、普段のやり方を変えるのがどうしても難しいのです。

習慣になっているものの中で危険なのが「叩く」「こする」です。顔の皮膚を叩いたりこすったりすると、角層が傷つき、その部分が分厚くなったり、シワの原因になったりします。だから私は、ローションをなじませるときは、コットンをおすすめしていません。コットンが指と皮膚の間にあることで、知らず知らずに叩いたり、こすったりする方を多く見てきたからです。

「この化粧水が効いているかいないか分からない」という人は、まずは「手」のテクニックを毎朝繰り返し身につけましょう。そうすれば、化粧水の効果を最大限に受けられます。

18

こめかみとあごの下まで化粧水を塗ると、あなた全体がツヤで光輝く

顔というのは、おでこ、こめかみ、もみあげ、耳の後ろ、あごの下、そして首までだと思ってください。細部に潤いを与えないと、全体的なツヤが出てこないので、化粧品はここまで塗ってください。

たとえば、顔の中央がツヤツヤでも、おでこにカサつきがあったら、それだけで全体の印象はツヤにはなりません。逆に、細部にツヤがあれば、内側から輝く透明感が出ます。おでこや首は分かるけど、こめかみや耳の裏まで？　と思われたかもしれません。しかし、自分が鏡で見るのは主に前からだけですが、他人からは横や後ろからなども意外によく見られます。塗ったあとにこれらを触って、頬と質感が違ったら塗れていない可能性があります。

スキンケアの前には、前髪は必ずピンやヘアバンドで上げましょう。髪が長い人は、髪を結んでください。顔が全部見える状態にしてから、スキンケアに取りかかってください。おでこのシワが気になる人がいたら、それもスキンケア不足が原因かもしれません。シワに対し上下左右から、きちんと塗り込みましょう。

19

美容液は
「ツヤ」のため

化粧水の後は美容液です。たっぷりと肌全体に染み込んだローションが、美容液の成分をしっかりと浸透させます。また、美容液には他にも大切な役割があります。先ほど、朝のスキンケアはツヤのために行うと言いましたが、この美容液がいちばん「ツヤ」を出すのです。肌を守り、プルプルにするだけでなく、この後のメイクにとって重要なツヤをつくるのが美容液です。

ですから、この段階でモチモチッとした肌状態になるのがベスト。

もし、ここで「ツヤが出ない」「くすみが気になる」人は、美容液よりも美容オイルを少しマッサージしながら使ってみましょう。透明感と一緒にツヤが出てくるはずです。どちらを使うにしても、美容液は美白やリフトアップなど、そのときどきの自分が求めている効果を得られる、ちょっと贅沢なものを使ってみましょう。

ローションが、手が届く範囲でジャブジャブ使えるものだとしたら、美容液や美容オイルはちょっとお値段が高くても、良いものを使うと効果が大きいです。

20

顔全体を均一に塗らないとテカリに変わる

ここでも美容液の効果を引き出せるかは、あなたの手つきにかかっています。

化粧水もそうなのですが、無色透明の美容液や美容オイルは、塗れていない箇所があっても分かりにくいものです。この後に乳液をつけますが、そのときに「ムラが出てるな」と気づいた人は、化粧水も美容液もきちんと塗れていない可能性が高いです。

さて、美容液を塗ったときのツヤツヤぶりに、「こんなに塗るとテカリにならないかな？」と心配する人もいるかもしれません。

では、「テカリ」と「ツヤ」の違いは何でしょうか？

テカリとは、ツヤがムラになったときのことを言います。塗り方にムラがあるとテカリにみえるのです。だから、テカリにしないためにはあなたの手が重要な役割を担っています。

美容液の塗り方は、ローションを塗るときとまったく同じ。

まず量は、規定の量の1・5倍ほどを手に取りましょう。それを、ローションと同じように塗ってください。

手のひらにたっぷりのせ、まず手のひらに伸ばし、目を開けて上を見ながら目のキワに塗り込み、鼻を伸ばし小鼻を塗り、口も開けて口角のキワキワに塗ります。おでこ、こめかみ、もみあげ、耳の後ろ、あごの下、首まで忘れずに。

最初は時間がかかっても、鏡でチェックしながら丁寧にやってみてください。手つきさえ身につければ、2週間ほどであなたの顔に、確実に内側から光り輝くツヤが生まれます。そのうち、鏡を見なくても、上手にムラなく塗れるようになっているはず。

美容液の塗り方は、メイクの仕上がりを左右します。ムラがテカリになり、反対に塗れていない箇所は乾燥してしまいます。それがそのまま、その後のコスメがつく部分とつかない部分となるのです。

メイク直しが必要な原因の8割は、土台となる朝のスキンケアのテクニック不足です。

21

乳液はUVケアが入っているものを選ぶ

スキンケアの最後は乳液です。ポイントは、UVケア入りの乳液を使うことです。

UVケアは、下地やファンデーションにも入っていますが、どうしてもこのふたつは時間とともに剥がれてしまいがちです。また、この後に説明するメイク方法は、「ファンデや下地は必要な場所にしか塗らない」というものですので、このふたつにUVケアを頼るのは心もとないのです。だからスキンケアの段階でUVケアを済ませておきましょう。こうすることで剥がれる心配もほとんどありません。

しかも、最近のUVカット入りの乳液は、テクスチャーが良く、仕上がりのしっとり感もクリーム並みの商品が増えています。だから、クリームを使わなくてもUV乳液でしっかり保湿でき、スキンケアを終わりにできます。

ただ、中には「UV＝ケミカルで肌にきつい」と思っている女性もいます。確かに、ひと昔前は、オイルがギトギトで、肌に優しいとは言えない商品も多くありました。でも、今のＵＶ乳液はオーガニックコスメや、ドクターズコスメのものも登場しており、どんな肌の人でも大丈夫な商品がたくさんあります。

ＵＶケア関係の商品は、毎年毎年、進化をしています。去年から今年すらも、ものすごくパワーアップしています。何となく昔から同じ日焼けどめを使っていたり、肌が弱くて同じ商品しか使っていなかったりする人も、他のものを試してみる価値があります。迷ったら新商品を買ってみてください。

ちなみに、朝はクリームを仕上げに使いません。

クリームは、一見肌が潤って見えるのですが、ベトッとした感じが残り、ファンデがのせにくいのです。今はＵＶ乳液の機能が高いので、肌にほどよいしっとり感を残しながらも、ベトつかずメイクできるので、クリームは必要ありません。

22

リップクリームも
スキンケアのうち

「すぐにリップの色が落ちる」「唇の乾燥が……」という方に、とてもいいケアがあります。それは、スキンケアの最後に、ただリップクリームを塗ること。

もしかして、メイクの最後、口紅を塗る直前にリップクリームを塗っている人も多いかもしれません。

しかし、リップクリームはスキンケアの最後に塗る習慣にすると忘れないし、顔の皮膚と同じく、クリームで唇を柔らかく、湿らせた状態にしておくことでいざ口紅を塗るときに、うるうるのリップになっているのです。

リップクリームを化粧水などのスキンケアセットと一緒に入れておけば、スキンケアの仕上げにつけることを忘れません。

リップクリームもスキンケアの一部！　朝のメイク時に忘れず、必ずリップクリームを塗ってあげてください。乾燥知らずでなめらかな、ぷるっと唇がキープできます。

23

「ペトペトチェック」のひと手間がメイクを左右する

プロのヘアメイクが必ず行うひと手間を覚えてください。
手の甲で感じる肌の「ペトモチ」感が、崩れないメイクをつくります。

プロのヘアメイク全員が、スキンケア後に必ず行うことがあります。それは、肌の表面のチェック。「肌はきちんと潤っているか」「ベタベタしすぎていないか」を確認するのです。

メイクには「今だ！」という潤いのタイミングがあります。そこが分かれば、美しいメイク、落ちないメイクがつくれます。「チェックなんて、プロじゃないし別にいいよ」と思ってはいけません。触ってチェックする、これだけのことが結果を大きく左右するのです。

数秒で終わりますので、ひと手間ぜひ加えてください。私はこれを「ペトペトチェック」と呼んでいます。

これは右の写真のように「両方の手の甲で皮膚を軽く押さえる↓手の甲を離す」だけ。このときに「ペトペト」ッとした感触があったら、ベストな肌状態です。手の甲を皮膚に当てたとき、ペトッとつく感じがして、手を離すときも少し手の皮膚に顔の皮膚が持っていかれるような感じが良いでしょう。

まずは、スキンケアで「ペトペト肌」を目指しましょう。

24

「ペトペトチェック」で ベトベトだったら少し待つ

スキンケア後のペトペトチェックで「ベトベトだ！」と思った人は、時間を置いてください。ペトペトに変わるまでの時間は人それぞれですが、着替えたり、歯を磨いたり別のことをしながら待ってみましょう。

そんな時間はない！　という人は、ティッシュ1枚を顔に貼りつけて、軽く油分をオフしてもＯＫ。一度、ティッシュを顔に貼りつけて剥がすぐらいで「ペトペト」になるはず。マメに手の甲でチェックしながら、ここだ！　というタイミングを逃さないでください。

また「サラサラしている」「ペトモチ感がない」という人は、肌が乾燥している証拠です。乾燥する肌は、これまでの正しいスキンケアを根気よくしていくと改善されます。スキンケアを全体的に多め、とくに化粧水の量を増やしてみてください。化粧水だけが、内側からの潤いをつくります。

25

スキンケアは前には戻れない

スキンケアが全部終わった後に、乾燥していたらローションに戻ってていいかという質問があるのですが、残念ながら答えはノーです。美容液や乳液を塗っている上からでは、もう水分はほとんど肌に入っていきません。

だからこそ、ひとつひとつのステップで量をケチらないのがいちばん。これに気をつけ、あとは手つきをきちんとすれば、必ず「ペトモチ肌」が手に入ります。

とはいえ、失敗したらそこで諦めてしまうのも悲しいですよね。だから、応急処置として、スキンケア後にペトモチではなかったら、最後に塗ったUV乳液をもう一度塗りましょう。

ここで、慌ててローションに戻ってしまうと、せっかく使った美容液や乳液が落ちてしまい、さらに乾燥させてしまいます。原則、一度次のコスメを使ったら、後戻りは禁止だと覚えておいてください。

26

たっぷり化粧水を使うと、2週間から1ヶ月でペトモチ肌になる

内側からふっくらと、水風船のようにツヤッとした肌は、水分でしかつくれません。何度も言いますが、化粧水だけがぷるんとした肌をつくります。

ですから、セカンドローションの量を増やすことと、正しい手つきで塗ることを徹底してみてください。

しかし、正しい手つきでスキンケアをしていても、やはり肌の状態が環境によって悪くなるときもあります。

私も乾燥する季節には、まず、ローションの回数と量を増やします。すぐに機能性の高い美容液やクリームを投入したい！　改善したい！　という気持ちも分かるのですが、基本は「水分」。これなしには、高い美容液やクリームも効果を発揮しません。もし、「いいクリームを使っているのに乾燥している」という人がいたら、その前に化粧水をたっぷりつけることをおすすめします。それでもペトモチ感が出てこない場合は、美容液と乳液の量を増やしてみまし

ょう。スキンケアはケチったら負け。「もったいない」と感じたら、少し安いものに変えてでも、量はたっぷり使ってください。ペトモチ肌が手に入ったら、使う量も適量になっていきます。

これまで多くの女性たちにメイクレッスンをしてきましたが、この方法で肌が変わらなかった人はいませんので、安心して、たっぷり使ってください。驚くほど早いスピードで、肌が良くなります。

27

夕方の乾燥は、美容液を塗る

きちんとスキンケアをしていても、乾燥する季節だと、夕方あたりに「肌が乾燥する」という人もいるかもしれません。

そういうときは、ごく少量の美容液を手のひらに伸ばし、その手のひら全体でメイクをした上から顔を優しく押さえましょう。手のひらで顔を押さえていると、ファンデーションと美容液の油分が溶け合って、潤いが取り戻されます。このとき、こすったり、叩いたりは禁物です。基本的に、メイクの上からは何もつけられないのですが、この少量の美容液なら大丈夫。

美容液は、濃厚な美容成分を凝縮しているから、瞬時に潤いを補給できるし、クリームほど重くないので、メイクにさほど影響を与えません。

お気に入りの美容液を1本、仕事場のデスクに置いておくのもいいですね。日中乾燥するかどうかは、朝から分からないことも多いので、もしものときのレスキューアイテムになってくれます。

28

メイク落としはまず「ポイントメイクリムーバー」

夜のスキンケアでは何よりも、メイクを落とすことが重要です。必要なのはポイントリムーバー。アイメイクをこれで落とします。

目元の皮膚は、顔の中でも薄くて敏感です。ゴシゴシこすってしまうと、シワが増えたり、くすみとなったり、皮膚のハリがなくなり、目がくぼんで見えたり……。つまり、肌トラブルの原因の多くはメイクオフともいえるのです。これらを年齢かな、と思ってはいけません。まずメイクオフを見直すと、驚くほど改善できる可能性大です。アイメイクを落とすときのポイントは、皮膚に触れる回数をできるだけ少なくすることなので、ポイントメイクリムーバーがぴったりなのです。コットンにリムーバーをたっぷり含ませ、目の上に数秒置いてさっと拭き取ります。

まつ毛の生え際に残った汚れは、リムーバーが染み込んだコットンを畳み、その角で優しく拭き取っていきましょう。私がおすすめするのは、マンダムの「ビフェスタ　うる落ち水クレンジングアイメイクアップリムーバー」。素早く、すっきりと落ちてくれます。

29

メイク落としも「量」をたっぷり

メイク落としは、塗っているファンデーションや、メイクの強度によって選ぶのがベストです。

メイク落としは、メイクを落とす力が強い順に「オイル＞クリーム＞ジェル＞ミルク」です。

しっかりめのメイクならオイルクレンジング、ナチュラルメイクならジェルかミルクといった具合に、自分のメイクの濃さに応じて変えましょう。なお、ファンデーションと同じブランドのメイク落としは、それがきちんと落ちるように設計されているので、迷ったときは選ぶといいでしょう。

たとえば、ミルクで落ちる程度のメイクなのにオイルを使ってしまった場合、落とし忘れのオイルとファンデが毛穴を詰まらせて炎症を起こすこともあります。

さきほども言いましたが、メイク落としはどうしても皮膚をこする行為なので、できるだけ少ない回数で終わらせるのが肝。メイクの強さに合っているメイク落としなら、皮膚に負担をかける心配が減ります。

あとは、やはり「量」です。美容成分が配合されているなど、高機能のクレンジングもたくさんありますが、少量では、余計に手で顔の皮膚をこすってしまうこともあります。だから、クレンジングも規定量の1・5倍以上の量を手に取りましょう。手と顔の皮膚の間にたっぷりのクレンジングがあれば、過剰な摩擦で肌を傷める心配がありません。

スキンケアとクレンジングはつい「新製品」や「高機能」に目がいってしまうかもしれませんが、少ない量で行っていたら、何の意味もありません。たっぷり使っても心が痛まない商品を探してみてください。

30

洗顔は自分の好きな香りを選ぶ

クレンジング後は、必ず洗顔も行ってください。クレンジングはメイクを落とすもの、洗顔は余分な皮脂や古い角質を洗い流すもの。目的が違うので、片方だけではすべての汚れは落ちません。

「ダブル洗顔が潤いをなくしてしまう」と言う人もいるのですが、そんなことはありません。昔の石鹸のようにキュッキュッと肌がつっぱるような洗顔料は、もうあまり見かけません。それよりは、汚れが残って毛穴を詰まらせたり、色素沈着したりする方が怖いので、しっかり汚れを落とす方が肌に良いのです。

洗顔料は、自分の好きな香りのものを選びましょう。一日の中で「すっきり」するタイミングは、実は洗顔後しかありません。それ以外の時間はずーっと潤いキープなので、ぜひすっきり感を味わってください。

洗い方の注意点はクレンジングと同じです。きちんと泡立てて、手と皮膚の間にある泡を転がして洗うように！　手が皮膚に触れないイメージで洗うといいでしょう。

31

肌のゴワつき、黒ずみは週に1、2度の酵素洗顔で取れる

どんなにローションを使っても潤ってこないという方は、古い角質を酵素洗顔やゴマージュで剥がしてみましょう。ツルッとした卵肌になって、ローションが浸透しやすくなります。

また、ローションが入らない以外にも「皮膚がゴワつく」「黒ずみが気になる」といった場合も、同じく軽くピーリングをしましょう。肌のツヤ感が一気によみがえってきます。

私も週に1度は酵素洗顔をしています。とくに、オイルをスキンケアに使っている人や、オイルクレンジングをしている人は肌がゴワつきやすいので、週に2回ぐらい行ってもいいかもしれません。

肌が弱い人にはピーリングをおすすめしない専門家が多いのですが、そんな人には酵素洗顔なら強くないので、これから試してみましょう。またはスクラブ入り洗顔を使い自分の手の圧を軽めにしてゴリゴリしないで、洗ってみてください。化粧水が浸透しやすくなり、パッとワントーン明るいツヤ肌が戻ってきます。

32

ピーリングが怖い人は、オーガニックのもので

角質なんて自然に剥がれるものだから、ピーリングをすると逆に肌を傷めるのでは、と心配な人もいると思います。

そんな人に私は、オーガニックコスメのゴマージュでの角質ケアをおすすめしています。軽くオイルマッサージをして顔を洗い、水気をふきとります。こうやって皮膚を緩ませてから、肌の上にゴマージュをのせて軽くこすり、その後少し置いてぬるま湯で洗い流します。こうすることで、ゴワついていた肌がツルツルになります。

クレンジングやスキンケアをしていても、どうしても余分な角質が肌にはたまってしまうものなので、トラブルになる前に「ゴワついているな」と思ったら早めに取り除くのをおすすめします。

同じように、リップクリームを塗っても潤わないカサカサの唇になったときは、リップスクラブを使って古い角質をオフしましょう。その上からリップクリームを丁寧になじませると、唇もぷるんと復活。色をのせてもきちんと映える唇になります。

33

どんな肌質でも夜は乳液かクリームを使う

夜のスキンケアの方法は、朝のスキンケアと同じです。手つきに気をつけて、変顔をしながら行いましょう。最後のＵＶ乳液の代わりに使うのが、ＵＶの入っていない乳液かクリームです。

夜は乾燥を防ぐためにも、ややこってり系のものを。寝るだけなので、ちょっとベタベタくらいでも良いですよね。

若い人やテカリ肌の人は、乳液やクリームを嫌がる傾向にありますが、使用することで肌が整うので、皮脂の分泌が抑えられ、逆に過剰なテカリもなくなります。

夜の乳液やクリームは、肌に適切な油分を補うので、水分の蒸発を防ぎ、キメの整ったふっくらした肌になります。翌朝、洗顔後の肌の吸いつきが違ってきますよ。数日だけ、ちょっとの栄養を与えただけで、劇的に肌がよみがえるなんてことはありません。根気よく続けてみましょう。

34

スキンケアで
お金をかけるのは
美容液→化粧水の順

「スキンケアは、同じブランドのラインを使った方がいいですか？」

これもよく聞かれる質問です。

私はスキンケアのライン使いをとくにすすめていません。理由は、スキンケアはそれぞれの目的に応じた最高のものを使う方が、お肌に効くから。たとえば、高級ブランドをラインでそろえても、使う量をケチってしまうと、やはり効果は半減します。そのため、それぞれのブランドの優れたアイテムをチョイスし、組み合わせて使うのがいちばんおすすめ。また、ひとつのブランドでそろえると、「UV乳液がない」「ミストローションがない」など、不足が出てきます。自分でセレクトできる目を養いましょう。

スキンケアは全般的に、できればメイク用のコスメよりも少しお金をかけてほしいのが本音です。私のメイク法はポイントメイクになると、プチプラコスメも使いますので、スキンケアだけは自分が出せるギリギリの額をぜひ見極めてください。

いちばんいいのは、自分の中でそれぞれの上限を決めること。出せる範囲の中でいちばん良いものを探しましょう。
こだわってほしい順位は、こんな感じです。

美容液or美容オイル＞セカンドローション＞UV乳液＞夜用乳液・クリーム＞ミストローション

美容液やオイルは、あまりにも安い商品だと実は質がイマイチです。セカンドローションはその次。ここはいろいろな商品を試しながら、ベストを見つけてください。ミストローションは安くてOK。乳液やクリームは、全体の予算に合わせて調節してください。

最近では、オーガニックコスメも充実して、自然由来で高機能なものがたくさん出ています。ドクターズコスメも、手が届きやすい価格の商品がそろっています。いろんな組み合わせをして、ライン使いする以上に自分の肌を変える、自分だけの優秀ラインナップをそろえていきましょう。

35

20代後半からはボディにもクリームを！

20代前半のモデルさんとお仕事をしたとき、はっ！　としたことがあります。私は撮影に送り出すときに、最後に必ず、出ている膝やひじを見て乾燥していたらクリームを塗るのですが、若いモデルさんはまったく乾燥していないんです。

それが20代後半になると、モデルさんといえどもやはり乾燥しています。年齢が如実に出るのが、この膝やひじといった関節まわりのパーツ。

もちろん、日々ケアしている人は、いくつになっても断然潤っています。顔の化粧水が塗れている部分とそうではない部分が全体のツヤ感を決めるのと同じく、ボディまでツヤツヤだったら、オーラが輝き出します。ぜひ、20代後半からはボディ保湿を忘れずに！

ボディケアも顔と基本は一緒です。とにかく保湿が命。お風呂上がりにローションを全身に塗り、肌を柔らげてからその後にクリームかオイル。ひじや膝など、曲がるパーツは曲げた状態で塗り込んでください。

Column #01

クレンジングウォーターは疲れてどうしようもないときに使う

「今日はもう寝たい！　でもメイク落とさなきゃ〜」と思いつつも、そのまま眠ってしまったという日は誰しもあるのではないでしょうか。

どんなときもメイクだけは落としてほしい！　でも、できない日もありますね。そんな日の救世主が、「クレンジングウォーター」です。

私の崩れないメイクのすごいところは、目元だけなら、翌日もそのまま崩れないところ！　目元だけ残して他はクレンジングウォーターで拭き取り、夜のスキンケアをして寝れば、翌朝は前日のアイメイクを生かして、お出かけできます。

この話をすると「えっ」と驚きの声が上がるのですが、これ、私が実践しているので、問題なし！

もちろん、毎日がこれではだめですが、忙しい女性なら、たまにはクレンジングも洗顔もサボってしまう日があっても当然です。ですから、クレンジングウォーターは、お守りコスメ的にひとつ持っておくと便利でしょう。

Skincare

スキンケアコスメがいちばん大事

手つきをしっかり身につけて、コスメの最高値を引き出しましょう

〈 ミストローション 〉

敏感肌の方向けに皮膚科でも採用されています。家族みんなで使えます。

ターマルウォーター 150ml ¥2376／ラ ロッシュ ポゼ

〈 ミストローション 〉

ハーブの力がたっぷり届く。高い保湿力はもちろん、香りにも癒されます。

トリロジー ハイドレーティング ミスト トナー 100ml ¥3456／ピー・エス・インターナショナル

〈 セカンドローション 〉

美白と潤いの両方を叶えてくれます。コスパが良く、たくさん使えるのも良し。

オルビスユー ホワイトローション 180ml ¥3240／オルビス

〈 ミストローション 〉

細かい霧状のローションが出て、肌当たりが気持ちいい。敏感肌さんでも安心。

薬用シーウォーター（医薬部外品）110g ¥1944／ドクターシーラボ

〈 セカンドローション 〉

肌の内側からふっくらします。リッチな価格ですが、規定の使用量でも「ぺトモチ肌」になります。

ハニーローション -HINKAKU-150ml ¥10800 ／HACCI

〈 セカンドローション 〉

しっかりと浸透し、内側から柔らかな肌にしてくれます。一日中肌表面が乾かないのも嬉しいです。

キールズ IRS エッセンス ローション 200ml ¥5292 ／キールズ

〈 美容液 〉

たっぷり2プッシュでツヤ感がグンと上がり、ファンデのノリも抜群に良くなります。

オラクル パワーモイスチャー 35ml ¥7560 ／レクシア

〈 美容液 〉

軽めのテクスチャーなので、オイリー肌の人におすすめです。良い香りでリラックス効果も。

フルールドファティマ モイストキープ アクアジェル 30ml ¥6696 ／ファティマ

〈 UV 乳液 〉

ボディにも使えるオーガニックの UV 乳液。フィット感に優れ、つけ心地が良いです。

エーデルワイス UV プロテクト 50ml ¥2484 ／ヴェレダ

〈 美容液 〉

肌なじみが良く、肌表面はモチモチに。使った後の透明肌にうっとりします。

ヴェリマ　モイスチャーエッセンス 30ml ¥12312 ／ケーツー・インターナショナル

〈 UV 乳液 〉

なめらかに伸びます。高ミネラル配合のクリーム。これだけでツヤ肌になります。

ミネラルUVセラム SPF35 PA+++ 30g ¥3456 ／エトヴォス

〈 UV 乳液 〉

高い UV 効果があるのに、肌にも優しいという最強乳液。メイクのノリも抜群。

UV イデア XL SPF50 PA++++ 30g¥3672 ／ラ ロッシュ ポゼ

〈 リップクリーム 〉

マツモトキヨシ専売のオーガニックリップ。エコサートの認証付き。これでこの値段は優秀！

アルジェラン オイルリップスティック（フレグランスフリー）4g ¥599 ／カラーズ

〈 リップクリーム 〉

唇が荒れやすい敏感肌の人も安心。ほんのり唇の色もトーンアップしてくれるので嬉しい。

キュレル リップケアクリーム ほんのり色づくタイプ 4.2g ¥850（編集部調べ）／花王

〈 リップスクラブ 〉

古い角質を取って、ぷるっと唇にします。「マッサージ→少し置く→拭き取る」でOK！

サラハップ リップスクラブ ブラウンシュガー 30g ¥3888／スパークリングビューティー

〈 リップクリーム 〉

長年愛用しているリップのひとつ。どんなに荒れた唇も改善するパワフルリップ。

シスレー バーム コンフォール 9g ¥7776／シスレージャパン

〈 夜用乳液 〉

たっぷりのセラミド成分が、肌の内側から改善。乾燥知らずの安定した肌になります。

エスト インナーアクティベート ナリッシングエマルジョン（夜用乳液）80ml ¥6480／エスト

〈 夜用乳液 〉

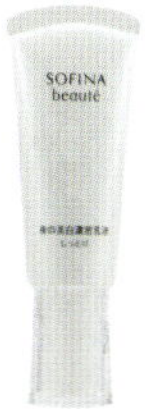

肌なじみが良く、べたつかない。コストパフォーマンス抜群の夜用乳液。

ソフィーナ ボーテ 夜の美白濃厚乳液（とてもしっとり）40g ¥3240（編集部調べ）／花王ソフィーナ

〈 夜用クリーム 〉

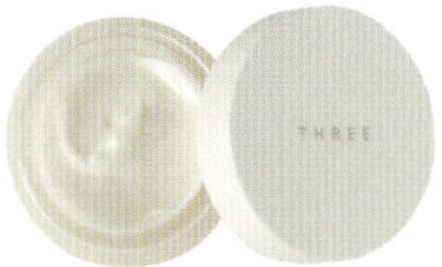

翌朝の「モチモチ肌」を実感できる。即効性があるので、いざ！ という日の前日にも。

コンセントレート クリーム 28g ¥16200／THREE

「スキンケアはケチらない」が合言葉。でも、高すぎる商品を使う必要はないけれど、他のコスメよりは、こだわってお金をかけてください

hat:¥2000/coen (coen)
t-shirt:own item
sunglasses:¥10500（税込）/ABISTE
bag:¥5000/coen (coen)
shirts:¥3600/coen (coen)
pants:¥16000/ACUTE (zilquer)
bracelet:¥4860（税込）/ABISTE
shoes:¥4500/coen (coen)

CASUAL STYLE

ツヤ肌に、アプリコットのチーク＆リップで仕上げたナチュラルメイクは、スポーティやカジュアルファッションとも相性抜群。メイクしているのに「何もしていない感じ」を醸し出してくれます。

Same make-up, different Impression

Chapter 2
BASE MAKE-UP

ベースメイクを制すれば、化粧直しの必要はない

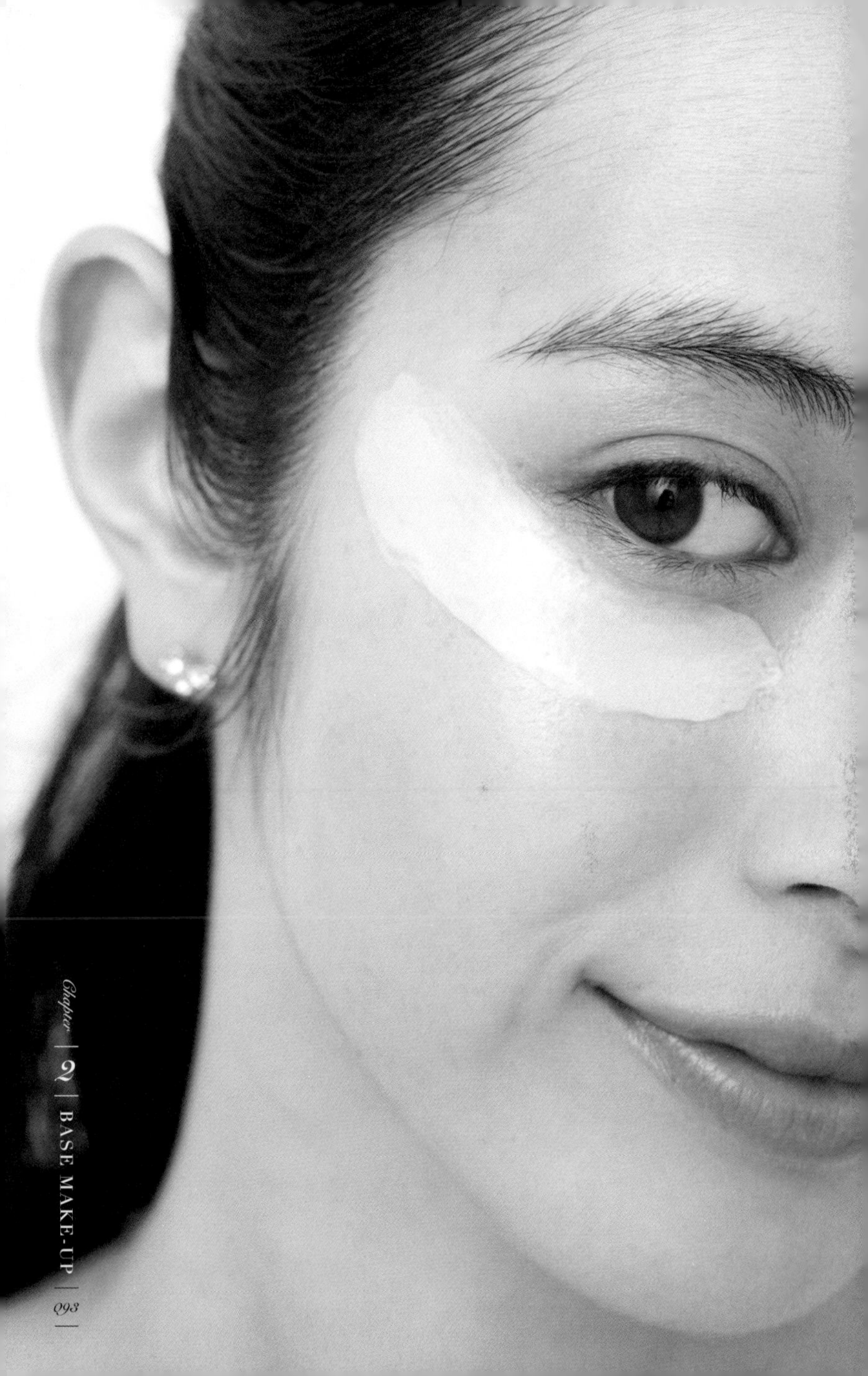

36

ツヤのあるメイクは実は崩れやすい

私たちが目指すべき「ツヤ」メイクですが、実はツヤを意識したメイクはキープ力が弱いです。ツヤは水分と油分からできているので、肌の上で蒸発したり、動いたりするのです。

たとえば、雑誌や広告で目にするモデルや女優のツヤメイク。あれはもともと、撮影の時間しか持ちません。1カットの間もずっとそばにメイクさんが張りついて直すほどで、「ツヤ肌」はとにかく取れやすく、一日はおろか1時間もキープするのが難しいのです。

プロのヘアメイクでも一日キープするのが難しいこのツヤ肌、これを崩れないようにするにはどうすればいいのでしょうか。

私は、ウエディングの現場で多くの仕事をしていた時期があり、そこでこの「ツヤ肌」を一日持たすにはどうすればいいかを研究しました。ウエディングは、とにかく、花嫁さんが一日の間に泣いたり、笑ったり、はしゃいだりとメイクが崩れる表情をたくさんします。しかし頻繁にメイク直しはできません。

さらに、写真にも映像にもそれぞれ映えることが求められ、遠目だけでなく至近距離から見られても美しく見えなければいけません。そして昼間の自然光から夜のスポットライトまで、状況も変わります。雑誌の撮影ではありえない過酷な現場です。しかも花嫁さんにとっては人生で最高の一日ですから、失敗は許されません。

もちろん若々しく、つややかでいたいシーンですから、舞台メイクのような厚塗りメイクはご法度です。ツヤがあり、何をしても崩れない。大変なメイクですが、このメイクが日常生活でもできれば、最高ですよね。しかも潤いでつくる「ツヤ」なので、乾燥もしにくく、お肌にもいい！

私のメイクは、このときの経験がもとになっています。ぜひ、一日中持つツヤ肌メイクをあなたも身につけてください。

37

美人の条件は「白い肌」から「ツヤのある肌」に変わった

この章では「ツヤメイク」にとって大切なベースメイクをつくっていきましょう。

まずはファンデーションの選び方ですが、「白い」という言葉にとらわれないようにしましょう。といっても、私たちのまわりにどうしてもあるのが、「白い肌は美人の条件」という認識。「色の白いは七難隠す」ではありませんが、日本ではずっと根強く、白い肌は美しいものだと思われています。

私はいつも、「白いですね」の言葉にだまされないで！　と思っています。たくさんの価値観がある現代、そこまで「色が白い」ことに価値があるでしょうか？　むしろ大事なのはツヤ。どんなに白くてもカサカサだったら意味がないし、それよりはツヤのある黄色い肌の方が、健康的でシャープな美しさがあります。ポイントは、ツヤがあるかどうかです。肌の色は関係なく、ツヤさえあれば、内側から輝いたかのように美しく見えます。

白さを求めるのは、「肌に透明感」を求めるからだと思うのですが、それを与えるのは、本当は「白さ」ではなくやはり「ツヤ」。ツヤ感や潤いは色ではありません。

逆に黄色い肌に、白を目指してベースメイクをしていくと、白浮きしたり、首や腕などの顔以外の肌色との違いが際立ってしまったりと、とにかく不自然です。もともと色白の人でも同じです。白い肌をさらに白く見せると、つくった感が出てしまいます。

日本人の肌は、もともと黄色がほとんどです。「白」は日本人には似合いません。自分の生まれつきの肌の色のまま透明度を上げて「ツヤ」を出すことを意識してください。

ツヤ感があれば、色の白さ以上に「若々しい肌」「なんか素敵な雰囲気」を生み出すことができるのです。

38

下地は必要なところだけに塗る

下地は顔全体に塗りません。なぜなら、その必要がないからです。そもそも、下地を使う意味は何でしょうか？　下地を塗る意味は、ふたつあります。ひとつは「肌色を補正するため」です。

でも、顔全体の肌色を変える必要はありません。むしろ、顔全体に下地を塗ると、不自然になります。だから「色補正用の下地」は一部分に少しだけ使ってください。ここで主に肌色を補正するのは、くすみやすい「目のまわり」だけ。目のまわりに下地を塗ると、顔全体が明るくなります。

下地を塗るもうひとつの意味は「メイクを崩れにくくするため」です。顔には皮脂が出やすい部分が3つあり、そこがメイクが崩れやすいパーツ。ここに下地を塗っておくと、皮脂を吸いとり、下地が接着剤の役割をして、ファンデがピタッとくっつくのです。下地のおかげで崩れないメイクになります。

下地でUVケアを兼ねている人もいますが、すでに乳液段階でUVケアを終わらせているので大丈夫。下地は自然に見える肌づくりのため、必要なポイントだけに、用途に合ったものを使いましょう。

39

使う下地は2種類

下地はさまざまな色が売られています。パール系、ブルー系、グリーン系、透明などが代表的です。それぞれくすみを飛ばしたり、赤味を抑えたり毛穴をカバーしたりと効能をうたっていますが、買うのは、そのうちの2種類のみでOKです。

さきほど、下地の役割は「色補正を少し」と「接着剤」と説明しましたが、下地はこのふたつに合わせて使い分けするのがいちばんです。

先ほども言いましたが、まず、人の肌には乾燥や血行不良、色素沈着などでくすむ部分があります。これは目のまわりです。肌が薄いので、他のパーツよりもトラブルが出やすいのです。ここに色補正のための下地を塗りましょう。反対に、汗や皮脂が出やすいのが毛穴が密集している部分。ここからメイクが落ちるのでテカったり、崩れたりします。毛穴の多いパーツは決まっていますので、そこだけに接着剤のための下地を塗りましょう。

使う下地は、くすみをカバーする「ピンク系の下地」と毛穴を埋めて接着剤の役割を果たす「シリコン系下地」。これさえあれば怖いものなしです。

ふたつも面倒だと思う方がいるかもしれません。でも、顔全部には塗らないので、なかなか量は減りません。ふたつそろえれば、半年以上は確実に持ちます。

40

ピンク系下地で目のまわりのくすみを消すと清潔感が違う

まず、ひとつ目のピンク系下地から使っていきましょう。

ピンク系の下地は、くすみを消して顔を明るく見せる役目。これだけで、ぱっと華やかな清潔感が漂い、夕方になっても疲れた印象になりません。

これを塗るのは先ほど言った目のまわりと、もし口元にもくすみを感じれば口元にも。目まわりはトラブルが見えると疲れて老けて見えるパーツなので、くすみを飛ばすだけで、印象が全然違います。パッと表情が明るくなり、数歳は若く見られますので忘れずに！

塗り方は少量を指に出して、ちょんちょんとお猿さんのように、目のまわりをぐるっと囲んで置き、指の腹でササッと伸ばすだけです。色が強く出ないように薄くムラなく伸ばしてください。ファンデやその後のアイメイクにも影響が出るので、丁寧に伸ばし、白浮きしないようにしましょう。

もちろん、強くこすらないこと。これは顔を触るときの鉄則ですね。

「私、今日はくすんでないから必要ないかも」という日でも、いつ疲れによるくすみが出るか分からないので、ピンク系下地は、毎日仕込んでおくことをおすすめします。

41

くずれ、テカリを防止するのがシリコン系の下地

小鼻、小鼻の脇、Tゾーン、あご。ここは誰でも皮脂が出やすいパーツ。
ここだけにあらゆる方向からすり込めば、もう二度とテカりません。

もうひとつの下地は、崩れを防止するために塗ります。塗る箇所は、毛穴が密集している小鼻、小鼻の脇、Tゾーン、あご。皮脂と汗が出るパーツです。塗るのは「シリコン系の下地」です。

シリコン系の下地は、毛穴に入り込んで肌をサラサラにするので、皮脂でメイクが崩れる心配がなくなります。この下地は、たいていのブランドから発売されているので探してみてください。

まず少量を指に取ります。そして、小鼻、小鼻の脇、Tゾーン、あごだけにちょちょんと置いていきます。テカりやすいと思う部分は多めに、テカらない人は塗らなくて大丈夫です。

のせたら、指で毛穴にすり込んでいきます。あらゆる方向から毛穴を埋めるぞ！という気持ちで塗り込んでください。薬指の腹がいちばん柔らかいので薬指を使いましょう。鼻の下を伸ばしたり、塗りたい部分の皮膚を少し伸ばしたりしながら、くるくると円を描くように塗り込むと、しっかり毛穴がカバーできます。もちろん顔全体に塗るのは禁止です。毛穴が少ない部分に塗ると乾燥を悪化させてしまいます。ここでも大切なのは、必要な部分だけに塗ることです。

42

ファンデは迷わず暗い方を選ぶ

私はレッスン中に、皆さんが持っているリキッドファンデーションをよく見せてもらうのですが、だいたいワントーン明るいです。ファンデ選びで迷ったら必ず暗い方を選んでください。

ファンデーションの色を選ぶとき、だいたい自分の肌に近い2色くらいまでは絞れますよね。この2本で迷ったときこそ、勇気を出して、暗めの方を選んでみましょう。

プロのヘアメイクはみんな、モデルたちにはちょっと暗めを使っています。さきほども言いましたが、明るい色のファンデは、白浮きしやすく、最終的に顔が浮いてしまって変になるからです。ナチュラルにも見えません。わずかな差ではあっても、自分の肌より白っぽいのを使ってしまうと違和感が出ます。

ファンデーションは暗めにして、その後つけるパウダーでトーンを明るくしていくイメージです。リキッドファンデーションが白いと、絶対失敗します。パウダーが光を反射して更に白く見えるので、確実に白浮きしてしまうのです。

「白い肌が美肌じゃない」が合言葉。もし、「お客さまの肌は白いから〜」と販売員さんに言われても、明るい方は手にしないこと!

43

リキッドファンデーションはクリーミーなものにする

「リキッドファンデーションって、何がいいですか？」

これは、最も多い質問のひとつです。そして私の答えは、「どれもいいです」です。実はここ数年、ファンデーションの進化はすばらしくて「これはだめ」と思うものはほとんどありません。私は仕事柄、常に各メーカーの最新のファンデーションを試していますが、どれもこれもすばらしく、だめなものにはあまり出会いません。

だから、生徒さんの持っているファンデーションでも、だめなものを見ることもほとんどありません。

逆に、「ずっとお気に入りのファンデを使っている人」「これしか合わないと思って、同じものを使い続けている人」は少し損をしているかもしれません。値段にかかわらず、良い商品が増えているので、UVケア商品と同じくどんどん新商品を試してもらいたいのが、ファンデーションです。

大前提として、ツヤのためには「パウダーファンデーション」はやめること。せっかくスキンケアでつくったツヤが消えてしまいがちです。

選ぶのは「クリーミーな」もの。それさえクリアしていれば、クリームでもリキッドでも、ＢＢクリームでも構いません。手の甲に出し、目をつぶって触ったら、乳液か美容液に間違えるぐらいの柔らかさ。とろみが少しあるものがいいでしょう。

クリーミーなファンデは「厚み」を出すことができます。ファンデーションを塗るときには、パーツごとに厚みに差をつけていきたいのですが、クリーミーなものだとそれが簡単にできます。

カチカチと振って使う二層式ファンデーションや、薄づきのオイルファンデーションは厚みのコントロールができないので禁止です。ナチュラルメイクには、厚みが自由自在に操れるクリーミーなファンデーションが欠かせません。

44

ファンデーションは頬にだけ塗る

写真の小さなスペースが「美肌ゾーン」。ファンデーションを塗るのはここだけ！　今日からとびきりの肌の持ち主になれます。

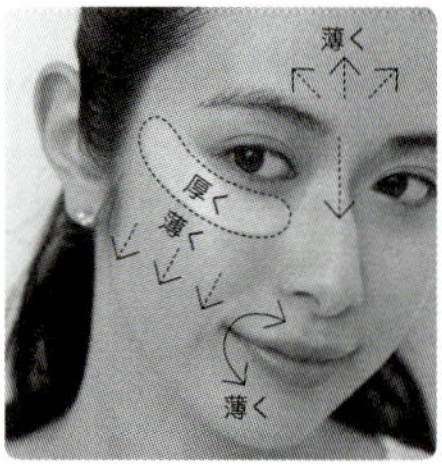

顔には「美肌ゾーン」というものがあります。これは、目の下から頬骨の高い所を通って、こめかみまで。右の写真でファンデーションを置いている場所です。実は、ファンデーションを塗るのはここだけ！　ここをきれいに塗り、それ以外は残ったファンデーションでさっとなでる程度でOKです。

レッスンでも、「ここだけです」と言うと、ほとんどの方が「そこだけ!?」と驚くのですが、顔全体にファンデを塗るからきれいに見えるのではありません。あごやおでこを見て「肌がきれいね～」と思う人はいません。人はある部分だけを見て、そこがきれいだと「肌がきれい」と思っています。それがこの「美肌ゾーン」。コスメブランドのポスターのモデルは、斜め45度に顔を傾け、頬骨の上を強調して見せているものが多くないでしょうか。美容雑誌の表紙なども、よくこの「美肌ゾーン」を強調しています。

だからこのゾーンだけにファンデをのせると、肌のきれいな人に見えます。しかも、他はほとんど塗らないのですから、ナチュラルなまま。この「厚み操作」が、もともと美しい肌のように見せます。塗っているのに、塗っていないようなナチュラル感を出すには「美肌ゾーン」にのみ。覚えておいてください。

45

スポンジでポンポンとスタンプを押すように塗る

では塗り方です。美肌ゾーンにたっぷりのファンデをのせたら、あとはスポンジで、そのゾーンを上からポンポンとスタンプを押すようにしてなじませていきましょう。美肌ゾーンはとにかく厚く盛ってください。

スキンケアは、すべて手を使うことをおすすめしましたが、メイクに入ると基本的に手はおすすめしません。手で伸ばすとファンデをただ引っ張ってしまい、美肌ゾーンの厚盛りができなくなってしまうからです。

凹凸がある顔を手で触ることは難しいので、スポンジがいちばん便利です。ポンポンとスタンプを押すようにしていくと、ファンデを簡単に重ねて、盛ることができます。

美肌ゾーンをスタンプし終わったら、あとはスポンジについているファンデで、残りのおでこやあごなどをササッとなでれば終わり。たったこれだけで完成です。

46

美肌ゾーンにだけファンデを塗ると、立体感が出て、シミやソバカスが気にならなくなる

美肌ゾーンにファンデを盛れば、肌全体からツヤが出ているように見え、また立体感も出ます。頬骨の上にファンデを盛るので、ここがますます前に出ているように見えるからです。すると、顔のシミやソバカスが、ほとんど気にならなくなります。反対にあまり塗っていない頬骨の下は、くぼんで見えます。ここで顔の凹凸がはっきりします。美肌ゾーンが前へ前へ出てくると、光を集めることができます。

また、単純に美肌ゾーンはシミ、ソバカスも多いゾーンなので、ここを盛ると自然に肌全体が美しく見えます。

ファンデーションを美肌ゾーンに盛った段階で、生徒さんのほぼ全員が「あれ？　いつもと違う！」「もう出来上がった感じさえする」と声を上げます。そうです。美肌ゾーンだけ塗れば、「もうファンデーションを塗る必要がないかもしれない」という気になるのです。美肌ゾーンを制するものは、ファンデーションを制します。

47

コンシーラーは
プロ向け商品です

ファンデを塗ると、自然とシミやソバカスは気にならなくなっていると思います。そう思ったら、コンシーラーはつけなくてOKです。そもそも、多少のシミやソバカス、ニキビ跡をものすごく気にする女性が多いのですが、前にも言った通り、正直誰も見ていません。もし、コンシーラーは欠かせない！　という方がいたら、だまされたと思って隠さずに出かけてみてください。外で自分を見たときに、コンシーラーで隠した厚い肌ではないナチュラルな肌に、驚くかもしれません。

実はコンシーラーはプロ向け商品と言ってもよいくらい、使うのが難しいアイテムです。たとえば使えば使うほど指で押してしまって、ファンデーションが剥がれてしまったり、すごく厚塗りになって悪目立ちしたり……。せっかくのファンデを台なしにしがちです。時間をかければかけるほど失敗する確率も高くなります。

少々のシミやソバカス、ニキビ跡なら、気にせずに「美肌ゾーン」を上手に仕上げることに注力することをおすすめします。また、目のまわりのクマやくすみなどが気になるなら、ピンク下地を塗ることで、カバーできます。

シミやシワは気にしすぎないように。鏡はもっと引いて見てください。みんな近すぎです。

48

コンシーラーは、綿棒の先をつぶして垂直にのせる

コンシーラーは「使わない」方向で考えるのがいちばん。
でも、緊急時のためにプロのテクニックを伝授します。

コンシーラーは使わないとはいえ、突然出てきたニキビや、寝不足続きのクマが……という日もあります。そんな、どうしても、どうしてもコンシーラーを使いたい場合のレスキュー策として、効果的な使い方も知っておきましょう。

まず、コンシーラーには2種類あることを覚えておきましょう。

1　リキッドタイプなどの柔らかいものは目の下のクマ用
2　硬いタイプはニキビやシミ、ホクロ用

たとえば、目の下にあるクマは柔らかい部分なので、硬いタイプのコンシーラーをつけると、なじみづらくコンシーラーが目立ってしまいます。逆に、シミなどのポイントの悩みは、柔らかいものだと隠せず、使っても意味がありません。

柔らかいリキッドタイプのコンシーラーは、目の下に軽く伸ばし、ファンデを伸ばしたスポンジをそのまま使って軽くポンポンと叩いていきましょう。スポンジにじゅわっと染み込んだファンデの残り

48

を使って、なじませていくイメージです。くれぐれも手で伸ばしたり、指で叩いたりしないように！　美肌ゾーンにのせたファンデがヨレたり剝がれたりして、台なしになってしまいます。

次に、シミやニキビなどを消す硬いコンシーラーですが、この塗り方には特別の方法があります。

それは、綿棒を使うこと。ひとつ大きなコツは、使う前に必ずその綿棒の先を垂直につぶして、平らにすること。

この平らな部分にコンシーラーを垂直に押しつけ、その後、隠したい部分にも垂直に当てましょう。トントンと綿棒の平らな部分で叩きながらなじませてください。これも、指を使って塗ってしまったら、ファンデが剝がれてしまい逆効果です。この方法だけが剝がれません。こうしてカバーした後、ファンデーションをつけるときに使ったスポンジで、トントンと蓋をするように優しく押さえると自然になじみます。

49

クリームチークも入れると落ちにくい

この後は「クリームチーク」を仕込みましょう。ファンデーションで肌をつくると、どうしても顔の血色が消えてしまいます。なので自然なほっぺたに見せるためにはチークが必要なのですが、私がおすすめしているのが、チークを2種類使うこと。このベースメイクの段階で、クリームチークを仕込んでしまいましょう。

実は、パウダーのチークだけでは落ちやすいものです。「夕方にはいつもチークが消えている」という人も多いのではないでしょうか。ですから、先にクリームチークを入れておくとパウダーチークとくっついて落ちにくくなります。チークの二層構造です。

おすすめの色味は、何をおいてもアプリコットかサーモンピンク。日本人に似合う色です。また、クリームチークは色がベタッとつくから苦手……と敬遠する人もいるのですが、それはテクニック次第。次の項で、チークをいつでも上手に入れられる方法をお教えします。

50

チークは正面から見える位置に入れよう

チークを入れる位置は、正面から見てよく見える位置。小鼻の横、黒目の下の、ちょうどアンパンマンの赤い頬のあたりが正解です。ここがいちばん好感度が高く見えます。ただ、後でパウダーチークをのせるので多少適当でもＯＫです。

チークを入れる場所には流行が出ます。たとえば頬骨に沿って斜めに入れたり、目のすぐ下に入れたりと今はやっているものだけでもいくつかあります。しかし、流行のチークは、モードすぎて個性的に見えたり、人によっては痛々しく見えたりするので、普段のチークはこれらにとらわれすぎないことをおすすめします。もちろん、「今日はこれがやりたい！」とファッションに合わせて楽しむのは賛成です。

塗り方は、まず手の甲にクリームチークを取ります。そして、このチークを、ファンデを伸ばしたスポンジで取るだけ。スポンジにファンデが残っている面でチークを取り、そのまま頬にのせれば自然になじませてつけることができます。

左右両方を同じ位置にきれいに入れる方法は、鏡を正面に持って、顔全体をその鏡に映すこと。そうして、左右交互に少しずつ色味を入れていきます。片方の頬を先に仕上げてしまうとどうしても、左右の位置がずれたり、色の出方が変わったりします。こうすると、片方だけチークが濃くなりすぎた！　という失敗も防げます。

51

パウダーを極めるものは、ベースメイクを制す

これからが仕上げです！「落ちないメイク」のいちばん肝心なところ。ここまでくれば、簡単な仕上げですので、頑張ってください。

「リキッドファンデだけで粉はつけないの」という人もいます。しかし液状のものが皮膚にのったきりでは、ヨレたり、剥がれたりします。ですから、どうしても最後に粉をのせ、ピタッとフィットさせることが大切です。

そう、ここで最後の無敵の壁をつくるのがパウダーです。崩れないためには、下地と同様、2種類のパウダーを使い分けましょう。

パウダーには、大きく分けて2種類あります。私はこれらをそれぞれ、「塩」と「砂糖」と呼んでいます。「塩」は、見た目が白くて塗ると無色透明になるルーセントパウダーのこと。俗にいう「おしろい」です。粒子が細かく、触るとサラサラしています。

昔は仕上げのお粉といえば、この「おしろい」しかなかったのですが、最近はもうひとつ、「ミネラルパウダー」が、様々なブランドから出てきました。このミネラルパウダーが「砂糖」です。ミネラルパウダーは、「塩」よりは粒子が荒く、肌色で、指で触るととてもしっとりとしています。仕上げには、このふたつを使います。

52

皮脂を抑えるのが
ルーセントパウダー（塩）

塗るのは小鼻、小鼻の脇、Tゾーン、あごだけ。
「テカリやすい部分」と覚えておきましょう。

メイク崩れの大きな要因のひとつは皮脂です。皮脂が毛穴から出ることで、液体であるファンデーションをじわじわと溶かしてしまいます。でも、ルーセントパウダー（塩）が肌の上にあれば、皮脂が出ても粉が吸い取ってくれるので、結果ファンデが落ちにくくなるのです。この「塩」は粒子が細かく、油分、水分を吸い取ります。

ですので、「塩」を使うのはテカリやすい部分のみ。顔全体に塗るのは禁止です。顔中に塩をはたいてしまうと、顔がつっぱったり、小ジワが目立つことになります。顔には、乾燥しやすい部分と、脂っぽくなる部分の両方がありますが、その脂っぽいところのみに塩を使うのです。

皮脂が出やすい部分は、シリコン系の下地を塗ったのと同じ「小鼻、小鼻の脇、Tゾーン、あご」の4ヶ所。付属のパフでパウダーを少量取って、この4ヶ所だけにすり込んでいきます。乾燥肌で、皮脂が出ないという人は、塩を使わなくてもOKです。梅雨や夏など、湿気が多く、汗をかきやすい時期のみ使用してもいいと思います。

質にこだわるなら、できるだけ粒子が細かいものを選んでみること。つけた瞬間に顔がキシキシするものはやめましょう。こういうものは少し古い商品に多いのですが、最近の塩であるならたいてい大丈夫です。

53

ミネラルパウダー（砂糖）は「筆」を使うとツヤになる

うっすらとつく「砂糖」パウダーが一日中肌を潤わせます。
筆で磨きをかければオーラをつくるツヤになります。

次はミネラルパウダー（砂糖）を塗っていきましょう。そのためには、まず筆を用意しましょう。ここだけは、プロも必ず筆を使います。なぜなら、「限りなく薄くつけること」が肝心だからです。それは筆でしかできないことです。筆は、高価なものでなくて構いません。触って気持ちいいものであれば大丈夫です。

このミネラルパウダーの特性は「乾燥しない」こと。これを塗れば、保湿力を与え、ツヤを出すことができます。このパウダーをのせることで、ファンデーションの液体のツヤが、もっと自然な、肌の内側からにじみ出るツヤに変身します。このパウダーの誕生理由は「下地の上にこのパウダーを塗るだけでツヤが出る」ことなのですが、そのもともとの機能をいただきましょう。

ただ、やはり粉なのでたくさんのせると、厚ぼったく見えてしまいます。そのため筆を使って「限りなく薄くつける」ことが大事です。

使い方は、まずパウダーの蓋に粉を出し、その蓋にブラシを軽く押しつけるようにしながら、グリグリッとかき混ぜてしっかり粉を含ませます。

その後、筆の部分を上に返して、持ち手の端を垂直に机の上でトントンと数回叩き

53

ます。こうすると筆の表面についていた粉が、奥へと入っていきます。

何気ない作業ですが、ここがポイントです。こうすることによって、顔全体に均一に薄くつけることができます。忘れないようにしましょう。

余談ですが、私は荷物を多く持っていきたくない旅行のときに、この粉を含ませたブラシだけを小さな袋に入れて持っていくこともあります。一見粉が見えなくても、筆の中に粉をたっぷり含んでいます。

このパウダーをのせるのは塩をのせたところ以外。ブラシをくるくると回しながら、優しく皮膚を磨いていく感覚で滑らせましょう。ミネラルパウダーの特性で、磨くとツヤ感がどんどん出てきます。このとき、優しいタッチでしてください。強い力で筆を動かすと、リキッドファンデーションまで剥がれてしまいます。

顔の中は皮脂が出るところと、乾燥するところに分かれています。皮脂が出る部分は塩（ルーセントパウダー）、その他の部分は砂糖（ミネラル）と、部分で使い分けると、最高の仕上がりになります！　肌の悩みに応じたパウダーの使い分け。理に叶っていませんか？

54

夕方に目の下が黒くならない「目の下の防波堤」仕上げ

ベースメイクの仕上げに、下まぶたのキワにパウダーをひと塗りしておくだけで、「夕方になると目の下が黒くなる」ことがなくなります。

54

あとはさっと最後のおまじない。それは、涙袋にパウダーを塗ること。

夕方くらいに、目の下にマスカラやアイラインが落ちて黒くなることがありませんか？　それは、涙袋や目の下のキワの部分がリキッドファンデでウェットなままだからです。ここはパウダーをつけても、ファンデが顔を出しやすい部分なので、まばたきをするたびにマスカラやアイラインの色が溶けてしまいます。なので涙袋と目の下のキワにしっかりとパウダーをつけておくことで、マスカラやアイライナーの色落ちを防げるのです。

ここに塗るパウダーは塩でも砂糖でも、アイシャドウのベージュっぽい粉でも何でもOKです（ちなみに目の下の小ジワが気になる人は砂糖にしてください）。アイシャドウブラシかチップで、パウダーを丁寧にのせていきます。指で触って、サラサラした感触になるまで塗ってください。パウダーで防波堤をつくるイメージです。

55

必要な箇所に
必要なものだけ塗る

これでベースメイクは完成です。ここまできて気づいたかもしれませんが、すべての工程で顔全体に塗っているものはありません。必要な箇所に、必要なだけ塗る。これが自分のもともとの顔を美人に見せるための秘密です。今までパウダーファンデーションを使っていたり、塩パウダーを全顔にはたいていた人は、仕上がりのしっとり感にはじめは慣れないかもしれません。でも肌にとってはこれがベストです。

塗っているけれど、塗っていないふうにも見える……。そんなあいまいな、もともとの肌がきれいと思わせるような軽さはこういったことから生まれます。すべてのアイテムを顔全体に塗ると、頑張った感じが出て痛々しくなってしまうのです。

すべてを隠そう、消そうとしてはいけません。「美しくみせるポイント」だけを押さえればいいのです。その方が、やっていることがバレない、まるで素肌がきれいな人に見えるベースメイクになります。

Base Make-up

崩れないメイクは ベースメイクが決める

必要な部分に、最小限を。2種類必要ですが、その分長く持ちます

〈 ピンク下地 〉

ぷるぷるのクリーム状下地で、肌に塗った感じがゼロです。自然な明るさの肌になります。

コフレドール モイストフィットベース UV SPF24 PA++ ¥2940（編集部調べ）／カネボウ化粧品

〈 ピンク下地 〉

ごくごく少量で、肌のトーンアップを叶えるオーガニックコスメ。くすみをカバーし、ツヤがほしい人に。

ヴェリマ UV プロテクション サンヴェール 30ml ¥4860／ケーツー・インターナショナル

〈 ピンク下地 〉

ほんのりピンクの下地は、肌に透明感を出してくれます。なめらかなテクスチャーも◎。

HANA オーガニック ウェアルー UV（ピンクベージュ）30ml ¥4320／えそらフォレスト

〈 シリコン系下地 〉

透明シリコンタイプの部分用下地。ごく少量で毛穴をしっかり埋めてくれます。

スーパーマットコンシーラー 15g ¥3024／イプサ

〈 シリコン系下地 〉

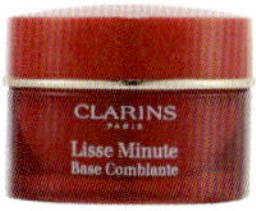

スポーツメイクでも大活躍する崩れない下地。上品な香りで、気分も上げてくれます。

スムース パーフェクティング タッチ 15g ¥4104／クラランス

〈 リキッドファンデーション 〉

誰でもうまく使いこなせる一品。とろみのあるテクスチャーで、最高のツヤをつくります。

インテンシブ スキン セラム ファンデーション SPF40（PA++++）30g ¥7452／ボビイ ブラウン

〈 シリコン系下地 〉

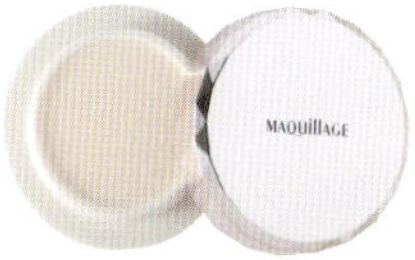

Tゾーンの皮脂過剰に悩む人はこのマットな下地を。サラサラに仕上がります。

マキアージュ ポア パーフェクトカバー 6g SPF10 PA+ ¥2700／資生堂

〈 リキッドファンデーション 〉

ほど良いカバー力がありながら、ツヤ感もすばらしい名品。

タン ラディアント タッチ 30ml SPF19 PA++ ¥6480／イヴ・サンローラン・ボーテ

〈 リキッドファンデーション 〉

軽く、ナチュラルな質感を生むファンデ。肌へのフィット感もバッチリ。

クリーム ファンデーション SPF20 PA++ 28g ¥5616／レ・メルヴェイユーズ ラデュレ

〈 柔らかいコンシーラー 〉

目の下のクマを自然にカバー。なめらかで使いやすいオーガニックコスメな上に、発色がすばらしい！

シン ピュルテ アイコントロールカラー 6g ¥2916 ／スタイラ

〈 柔らかいコンシーラー 〉

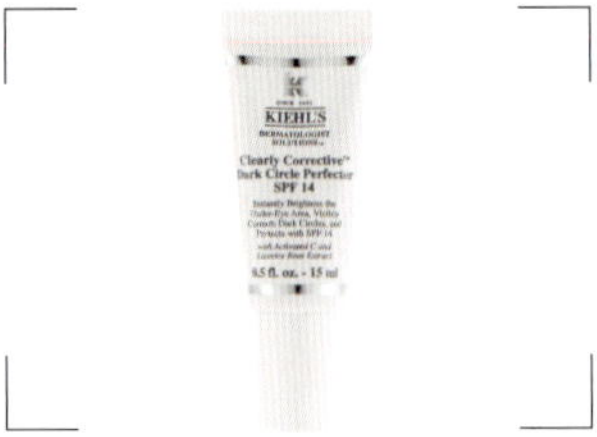

活性型ビタミンC配合で、クマが気になる人はアイケアも同時にすることができます。

キールズ DS CW アイ ブライト SPF14 PA++ 15ml ¥4536 ／キールズ

〈 硬めコンシーラー 〉

スティックタイプだけれど、これも綿棒に取って使用すると、自然になじみます。

イーブン ベター スポッツ コンセントレート コンシーラー 21 SPF21 PA++ 3.5g ¥4104 ／クリニーク

〈 柔らかいコンシーラー 〉

筆ペンタイプなので使いやすく、カラーも豊富なので、自分の肌色を探せます。

アドバンスド スムージング コンシーラー ¥3780 ／ THREE

〈 硬めコンシーラー 〉

塗った感じが出ません。手の甲をパレットにして、自分の色をつくること。

クリエイティブコンシーラー 4.5g ¥3780 ／イプサ

〈 硬めコンシーラー 〉

ほど良い硬さのコンシーラー。２色を混ぜて使うのがおすすめ。

ナチュラグラッセ コンシーラー キャラメル（２色セット・ブラシ付き）¥3888 ／ネイチャーズウェイ

〈 クリームチーク（アプリコット）〉

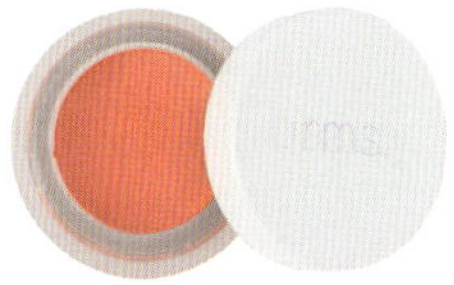

ココナッツオイルが自然なツヤ感を出します。なめらかに溶けて、肌になじむ大好きなチーク。

rms beauty リップチーク（スマイル）5g ¥5184／アルファネット

〈 クリームチーク（アプリコット）〉

発色が長時間保てるチークです。少量を手の甲に取って、スポンジでのせて。

ボンミーン スティックフェイスカラー コーラルグロウ ¥3888／ローラ メルシエ

〈 クリームチーク（赤）〉

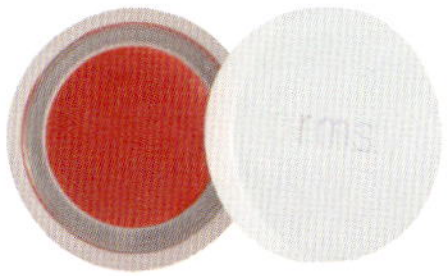

少量をのせるだけで、トレンド顔に。リップに使っても OK。

rms beauty リップチーク（ビーラブド）5g ¥5184／アルファネット

〈 クリームチーク（アプリコット）〉

プチプラでこのクオリティはすごい。しっかり色が出るので、必ず手の甲に出してから塗って。

キャンメイク クリームチーク 07 コーラルオレンジ ¥626／井田ラボラトリーズ

〈 クリームチーク（赤）〉

つきすぎないのが優秀。上品なレッドで今どきフェイスになれます。

キッカ フラッシュブラッシュ（10 ガーリーブラッシュ）リフィル ¥3240 ケース ¥2160／カネボウ化粧品

〈 クリームチーク（赤）〉

プロにもファンが多い優秀カラー。プチプラなのも立派！　使う量は調節してください。

キャンメイク クリームチーク CL08 クリアキュートストロベリー ¥626／井田ラボラトリーズ

〈 パウダー（塩）〉

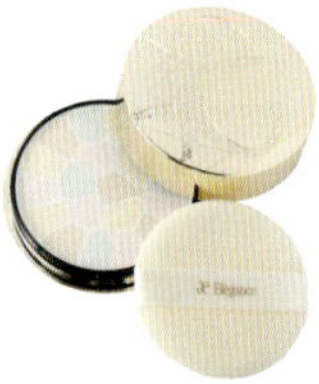

透明感 UP を叶える、崩れ知らずの名品パウダー。

エレガンス ラ プードル オートニュアンス リクスィーズⅣ（フェイスパウダー）27g ¥16200 ／エレガンス コスメティックス

〈 パウダー（塩）〉

超微粒子のパウダーで、肌に溶け込む質感。マットにならないのが◎。

プロディジー ルース パウダー EX（01 ナチュラル ベージュ）15g ¥12500 ／ヘレナ ルビンスタイン

〈 パウダー（砂糖）〉

ほど良いツヤ感をプラスしてくれる、オーガニックのミネラルパウダー。敏感肌にも◎。

ジェーン・アイルデール アメイジングベース SPF20/PA++ 10.5g ¥7344 ／有限会社エム・アール・アイ

〈 パウダー（塩）〉

ほんのりピンク色の薄いベールをつくってくれて、ナチュラルで崩れない仕上がりに。

シスレー フィト パウダー リーブル（オリエントローズ）¥10260 ／シスレージャパン

〈 パウダー（砂糖）〉

防腐剤や香料、ワックスを含まない 100％天然ミネラル。一日中ツヤが続きます。

ディアミネラルファンデーション 5.5g ¥3240 ／エトヴォス

〈 パウダー（砂糖）〉

潤いを保ったままツヤ感も出す。しっとりなめらかな肌に仕上がります。

リベラータ リベルスキン ミネラルパウダー 15g¥4320 ／リベラルライフ・クリエーション

〈 フェイススポンジ 〉

いろいろな面で使い分けが可能。丸面の底で美肌ゾーンを、先端で小鼻や目元の細部のぼかしなどを。お気に入りの一品。

3D メイクスポンジ ¥594 ／ドクターシーラボ

〈 フェイススポンジ 〉

長年愛用しています。コンパクトだから、美肌ゾーンだけを狙ってスタンプを押せる！

五角スポンジ（4 個入り）¥540 ／シュウ ウエムラ

〈 フェイスブラシ 〉

毛の密度が高いブラシ。ちょっと圧をかけながらくるくる磨くと、肌のツヤ感ＵＰ。

フラットトップ ブラシ ¥2160 ／エトヴォス

〈 フェイススポンジ 〉

ちょうど良い柔らかさで、肌あたりがいいスポンジ。肌荒れ中などにも重宝します。

チャスティ マイチャーム メイクアップスポンジ オーバル型　¥1080 ／シャンティ

〈 フェイスブラシ 〉

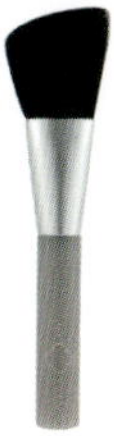

柔らかい毛質なので、ふんわりと、薄くムラなく仕上げられます。

KOBAKO フェイスブラシ O ¥5940 ／貝印

〈 フェイスブラシ 〉

なんといっても、この大きく斜めにカットされた面が最高に使いやすい。密度もほどよいです。

プレシジョン フェイスブラシ ¥3780 ／ベアミネラル

PARTY APPEARANCE

ドレスアップも、いつものメイクでいくこと。ファッションやアクセサリーを華やかにして、顔はナチュラルでとても可愛いがベストです。いつもと違う色や厚塗りは絶対に禁止ですよ！

dress:¥28000/AIMER
earrings:¥25000/Grossé
bracelet:¥28000/Grossé・Glacé
bag:own item

Same make-up,
different
Impression

Chapter 3

EYES

目を大きく見せるのは
コスメじゃなくてテクニック

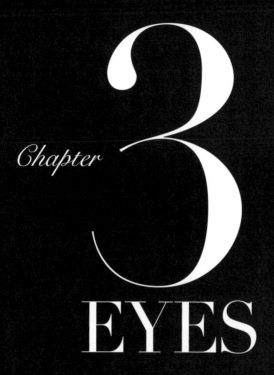

56

生まれつきのまつ毛だけで、十分目は大きくなる

「目を大きく見せる」ためのコスメはたくさんあります。まつ毛エクステ、つけまつ毛、アイプチ、ボリュームマスカラなど、どれも劇的に目を強調してくれます。しかし、今の時代これら「劇的に目を強調する」アイテムは、どうしても不自然に見えがちです。目はいちばん目立つ部分なので、自然なもの以外でつくると、変に目立ってしまうのです。

だから、頼るのは自分のテクニックだけ。まつ毛を1ミリでも上げる、その1ミリが目を大きく見せます。

まずは一度、自分のまつ毛をフルに活用してみましょう。さりげないアイラインで目を強調することもできますし、ホリを深く見せるベストなアイシャドウの幅を知ることなど、自然ではないアイテムを身につけなくとも、自分の持っている素材だけで十分目は大きく、美しくなります。

私の講座では「えーっ！　まつ毛ってこんなに上がるんですね」「視界が広がりました！」「今まででいちばん上がった」という声がたくさんあがります。

まずは、やはりテクニックを身につけてください。これさえあれば、様々なものをつけなくても、すっきりとナチュラル、でも大きく美しい目にすることができます。

57

テクニックさえあれば、最高の目になる

私のアイメイクの特徴は、大きく3つ。「ホリをつくる」「限界までまつ毛を上げる」「アイラインは生え際に打つ」です。この3つのテクニックで、その人にとって、最高に大きな目になります。

「ホリ」とは、ブラウンのアイシャドウで影をつくり、目のまわりの骨格をくっきりさせること。ベストなアイシャドウの位置と色を知れば、ホリが深くなります。勘違いしている人もいるのですが、ブラウンのアイシャドウでは目は大きく見えません。あくまでも役割は目元に立体感を出す「ホリ」です。

それでは、目を大きく見せるのは何かというと「まつ毛」。このまつ毛が1ミリでも上がると、目は大きく見えます。

まだまだ、まつ毛が上がる可能性を皆さんは秘めています。いつもしっかり上げている方も多いと思いますが、これから私が紹介す

るビューラーの上げ方を手順通りにすると、「見たこともないくらい上がった!!」と驚く生徒さんが続出します。自分はまつ毛が短いと思っている人でも、まだまだまつ毛は上がります。1ミリ、いや0・5ミリでも上がると、印象は大きく違うのでぜひ楽しみにしてください。

そして「アイラインを打つ」ですが、ラインは目の印象を自然に強くするためのもの。ただこれが難しく、ラインがとても太くなってしまい、逆に目を小さくしてしまっている人も見かけます。

正しいラインの位置と、的確な入れ方を知っておきましょう。

この3つは、どれも熟練のスポーツマン並みのテクニックが必要です。毎日の練習の積み重ねで身につけましょう。身につけると、まつ毛エクステやつけまつ毛には出せない「自分の素材を生かした、生まれたときから美人の」自分になります。

このテクニックさえあれば、最高の顔立ちが手に入ります!

58

アイシャドウはブラウンのみ

アイシャドウは、持つのはブラウン系のパレットをひとつだけでOK。ブラウンだけで目元は完成します。パレットを選ぶときは、ブラウンと一緒にオフホワイトも入っているものにしましょう。たいていは一緒に入っているはずです。オフホワイトは少しだけパール感のあるものか、何も入っていないもの。ラメでもいいのですが、大きいラメのものは、派手すぎなのでやめておきましょう。「ブラウンのパレットしか使わない」と言うと「シーンに合わせて変えないのですか？」と聞こえてきそうですが、そうなんです。アイメイクはブラウンとオフホワイトのみです。

ブルーやパープルなど他のカラーを似合わせるには、ファッション、ヘアカラー、肌色などを見て判断して使わなければいけません。パーティだから……といきなり派手な色を塗ると浮いてしまう可能性があります。しかしブラウンならば、どのシーンでも誰にでもホリをつくれる安定感があります。各章のおまけのモデル写真も、全部ブラウンですが、どのシーンにも合っていますね。

余談ですが、最近はパーティの席でもキラキラ、ラメラメしたメイクは浮いてしまいます。洋服を変えて、メイクはナチュラルで元から美人感を出しましょう。いつでも、どんなシーンでも最高の自分を見せるのがここで教えるメイクです。

59

「指」で塗るとホリが出る

アイシャドウは、目元のホリをつくるもの！
ブラウン以外の色をのせる必要はありません。指で溶け込ませましょう。

まぶたにのせるブラウンのアイシャドウは、指で塗りましょう。ナチュラルに溶け込ませたいので、チップやブラシより断然指です。生徒さんを見ていると、チップやブラシは境目がくっきりしてしまい、ぼかすのは難しいようです。

塗るときに注意したいのが、鏡の位置。右の写真のように顔から少し離し、顔全体を鏡に入れましょう。決して片方の目に鏡を近づけてメイクをしないでください。クリームチークを入れるときと同じで、左右対称に行うメイクは、鏡の見方の癖をつけておきましょう。こんな小さなことで、「濃くつきすぎない」「左右きれいにそろう」が手に入ります。

それでは塗っていきましょう。まずはオフホワイトのシャドウを指に取って、手の甲にいったん伸ばします。そうやって色を少し薄くしてから、まつ毛と眉毛の間に広くのせていきます。色が軽くつく程度、ぼかす感じで入れていきましょう。これは次に入れるブラウンが浮いて見えないようにする「つなぎ」の色です。パキッとこのオフホワイトを主張させる必要はありません。

次はブラウンのシャドウをまつ毛のすぐ上からアイホールに向かって置いていきましょう。ここからは「ホリ」をつくるために行います。ゴールは、目を開けて見たと

59

きに、きちんとホリを出すこと。ですので目を開けたときに茶色がほんのり見える幅まで入れるのが大事です。次のページの写真のように入れてください。

人それぞれ目の大きさ、形が違いますので、コツは最初からまぶたの高い位置に入れるのではなく、低い位置からスタートすること。もちろんこれも左右交互に行います。右のまぶたに入れてみて、次に左。目を開けたり、閉じたりしながら、目を開けたときに、ブラウンのシャドウがきちんと見え、まぶたが少しくぼんで陰影が出ていれば終了です。一重、二重の人は幅は少し狭く、奥二重の人は少し広めの幅で。このブラウンも、まず手の甲で色を少し薄く伸ばしてから入れるのを忘れずに。たったこれだけで上まぶたのアイシャドウは完成です。

左右交互に入れていけば、いきなり濃くシャドウを入れてしまって、目のまわりがすごく茶色い！　という失敗も防げます。

「ブラウンはグラデーションでなくてもいいんですか？」とときどき聞かれるのですが、必要ありません。このメイクでのアイシャドウの目的は、目を大きく見せることでも、カラーを見せることでもなく、ホリを出すことですから。

ホリのためなので「目を開くとカラーがきちんと見える」のがアイシャドウのポイント。途中で目を開け、左右同じ高さでアイシャドウが出ているかどうかをチェックしましょう。

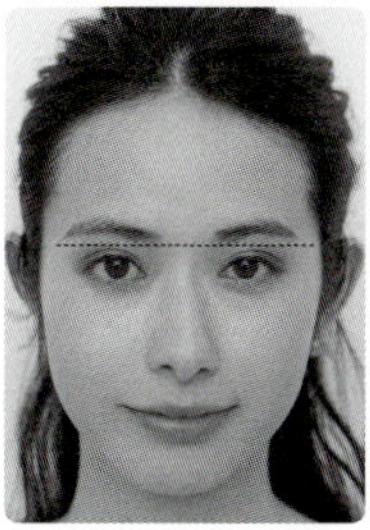

60

チップの細い部分で下まぶたを囲む

次は下まぶたです。ここには、付属のチップのできるだけ細いものを使っていきます。指でつけると幅広くついてしまうからです。まずチップにブラウンのシャドウを取り、やはり一度、手の甲でなじませてください。チップに取ってすぐに描き始めると危険です。色が濃すぎたり、量が多すぎたりします。とくにここは細かいパーツなので、失敗するとやり直すのも大変です。色ものは、すべて一度手の甲に出すこと。こんな小さなことが仕上がりを変えるのです。

そのまま下まぶたの、まつ毛が生えているギリギリのキワにのせます。まず目尻から3分の1、もう少し目を大きくしたければ3分の2というように、細く、細く入れましょう。目をいちばん大きく見せる分量は人によって違うので、いろいろ試してみてください。目が大きい人ほど入れない方がいいです。このように下もブラウンで囲むと、目がくぼみ、影ができて、立体感が出ます。

これで下まぶたにもホリがつくれました。この「ホリ」の深さが、初めから目鼻立ちのはっきりした顔立ちに見せます。

61

最後に涙袋にオフホワイトをちょんと入れると目がうるっとする

最後は涙袋にちょんちょんとあることをして仕上げましょう。これがあると、目がうるっとして、女性らしさが倍増します。この一筆が女性にも男性にもモテる潤いを出します。年齢に関係なく、女性すべてにしてもらいたいテクニックです。

使うのは、オフホワイトのアイシャドウです。上まぶたにのせた色と同じか、パールピンクなどがあればそれも素敵です。ブラウンのパレットの中に使える色が必ず入っているはずです。それを付属の細いチップで、目の下の涙袋に目頭からすっとひと筆入れましょう。目尻にいくほど、消えてなくなるイメージです。涙袋の位置が分からない人は、ニコーッと顔をくしゃくしゃにして笑ってみてください。ぷくっと盛り上がるところが涙袋です。

チップはブラウンシャドウで使ったものではなく、違うものか、あるいは違う面を使ってください。チップにブラウンがついていると目のまわりが汚れて、黒ずんで見えてしまいます。そしてつける前には、やはり手の甲で一度なじませることを忘れずに！

62

目を大きくするのは、まつ毛だけ

アイシャドウを塗り終わったら、アイラインにいく人も多いと思いますが、次はぜひビューラーに取りかかってください。まつ毛を先にカールさせた方がアイラインを入れやすいからです。

目が大きくなるかどうかは、まつ毛の上がり具合にかかっています。街を歩く女性たちを見ていつも「もったいない！」と思うのがまつ毛の上げ具合。そう、もっと上がるんです、まつ毛は！

まつ毛が上がるかどうかは、ビューラーの使い方にかかっています。このテクニック、ぜひマスターすることをおすすめします。コスメに頼らないので、自分次第で美しいまつ毛のカールを体験できるのです。

最近では、ちょっと下がり気味のまつ毛がおしゃれ……なんて雑誌でも紹介されていますが、それは、自分のまつ毛が全部上がった状態を見てからにしましょう。どれだけ自分のまつ毛が上がるのか？　上がったら、どれだけ目が大きいのか？　どれだけ可愛く見えるのか？　それを体験してから、流行のまつ毛にしても遅くありません。しっかりまつ毛を上げると、目が大きく見えるだけでなく、目の中に光がたくさん入ってくるのでキラキラと輝いてきます。

63

ひじを上げてビューラーを使うと、まつ毛が1ミリ高くなる

まつ毛が1ミリ上がるだけで、目は大きく見えます。何度も言いますが、ぜひ全力でまつ毛を上げてください。

それでは、さっそくやってみましょう。まず、ビューラーでまつ毛の「根元」を軽く挟みます。ここまでは通常と同じですね。その後、ビューラーの上のカーブをそのまままぶたの眼球のカーブに差し入れるように押しつけます。押しつけてもう一度根元の深い部分を挟み直しましょう。根元が1ミリでも深く挟めれば、まつ毛もぐんと長く見せることができます。

そしてひじを上げます。ビューラーをうまく使うコツは、ひじを上げて手首をしっかり返していくことです。

根元から少しずつ、ひじを上げ、手首を返しながら数回に分けて上に向かって挟みます。最後は、手首を反り返らせ、天井の方に向かせましょう。こうやって、まつ毛の先端までカールさせるのです。

そのとき、痛みは感じないはずです。私が生徒さんにこれをしてあげると「こんなに優しい力でいいんですか?」と驚かれるのです

が、ひじと手首の返しがあれば、力は必要ありません。ビューラーを使うとまぶたを挟んで痛いのは、ひじが下がってくるから。まぶたを下に引っぱってしまい挟むのです。ひじを上げて手首を返していけばそんなこともありません。

最後は、自然とちょっと目がひんむかれた状態になるはずです。人には見せられない顔になってしまいますが、どうぞしっかりやってください。ひじ、腕の角度などが分からない方は袋とじをご覧ください。大変な顔ですので、袋とじに閉じ込めましたが、「きれいごとだけではきれいになれない！」を合言葉に、頑張りましょう。

とはいえ、すぐに身につくほど簡単ではないことを最初に言っておきましょう。このテクニックは、考えるより、体で覚える方が早いのは確かです。毎朝のメイクをトレーニングだと思いましょう。

64

たった100円で世界が変わる！

「やっぱり、まつ毛が上がりません！」との声がたまにありますが、そう言う方の99％が、ビューラーのゴムを私に没収されています。なぜかというと、ビューラーのまつ毛を挟む部分のゴムが古くなって、真ん中が割れていたり、アイシャドウが付着していたりしてカチカチになってしまっているからです。

いくらひじと手首を鍛えても、このゴムが劣化していると、まつ毛を挟めず、根元から上げることはできません。さらに、力を入れないと上がらないので、強い力でまつ毛を挟んでまつ毛を痛めてしまいます。替えゴムは１００円前後で売られているはずなのですぐに替えてください。

だいたい半年で交換するのですが、基本は「まつ毛が上がらなくなったら」を目安にしてください。

マスカラを買い直すより、断然安い！　ツールもメイクの仕上がりを大きく左右します。手入れするだけで、しっかり上がったまつ毛が手に入ります。

65

一日中、最高のまつ毛のカールをキープさせるには

この最高のカールを一日キープさせましょう。そのためにはカールキープ剤を塗るのをぜひ忘れずに！

「カールが落ちない」とうたっているマスカラもありますが、効果には個人差があります。そこで、カールキープ剤をマスカラの前に塗っておくと間違いなく落ちてこないので安心です。

私がいろいろ試して、長年愛用し続けている商品はふたつだけ。ひとつはエレガンスの商品、もうひとつはプチプラであるキャンメイクのもの。どちらもすごくいいです。この商品に出会って「まつ毛が落ちてこないって幸せです！」「逆さまつ毛に悩んでいたのに、初めてカールが落ちなかった」と言う人もいるほど。

使い方はまつ毛の下から、すっとなでるようにつけるだけ。あとは、乾くのを待つのみです。崩れないメイクは、こういう見えないところをいかに実行しているかにかかっています。このひと手間は、はたから見たら、何も分かりません。でも、あなたの見た目を確実に変えてくれます。

66

ラインは引かずに「打つ」

カールキープ剤が乾くまでの間に、先にアイラインを引いてしまいましょう。

アイラインは、まつ毛が生えている根元に、まつ毛とまつ毛の間を埋めるようにするのが正解。そのためには、ラインは「引く」のではなく「打つ」ようにするのがいちばんです。打つというのは、カールされたまつ毛の下からペンシルアイライナーで、つつくように描いていくこと。こうすることによって毛と毛の間が埋まり、毛が密集して見えます。先にビューラーをしたのは、まつ毛を先に上げた方が、打つ場所が見えやすいからです。

アイラインは、引く場所を間違うと逆に目が小さく見えてしまう怖いものです。間違った場所とは、目の粘膜（ピンクの濡れている部分）やまつ毛が生えている上。あくまでも、まつ毛とまつ毛の間を埋めることだけが、目をくっきりと見せます。

アイラインの効果は絶大で、目をはっきりと見せるだけでなく、白目もきれいに見せるので、清潔感を出してくれます。

67

アイラインは「柔らかい」「速乾」「ウォータープルーフ」を選ぶ

アイラインは、芯が柔らかく、速乾性があり、ウォータープルーフでペンシルタイプがベストです。これらの機能は近年各社が熱心に研究して良いものをたくさん出しているので、プチプラからデパードブランドまでたくさんあります。

繊細な部分を触るので、ペンシルの芯が硬いと、目元を傷つけてしまいます。なので、芯は柔らかいものがベスト。しかも、目には水分があるので描くそばから乾いてほしいですし、まばたきや涙で落ちやすくもあるので、ウォータープルーフが完璧です。

リキッドアイライナーで太くラインを入れている方もいますが、まつ毛の隙間を埋めないと意味がありません。そして埋められるのは、ペンシルのみです。色はブラックがはっきり目を大きく見せる基本色です。ただ、絶対これというわけではなく、ブラウンもいいですね。目元を優しく見せてくれます。二重のはっきりした方で、アイラインを入れるとケバく見えてしまうという方はブラウンを選んで。なりたい雰囲気に合わせて、好きな方を選んでください。

68

まぶたを引き上げると
きれいに打てる

さて、これからアイラインを打っていきましょう。ポイントはまつ毛の間を打つこと。

左手でまぶたを引き上げると、根元が見えやすくなります。ちょっとホラーな顔になってしまいますが、丁寧に隙間を埋め尽くしてください。こちらも袋とじに写真つきで載せています。

細かい作業なので、ラインがガタガタになることもありますが、そんなにうまくできなくても大丈夫！　打ったら最後に綿棒でぼかすのがおすすめテクニックです。アイラインを打った部分を綿棒でなでるだけなので、やってみてください。

ラインを打てば、目元が輝き、キラキラッとした感じが、どんな人でも出てきます。

実はこのアイラインは、プロのヘアメイクが俳優、アナウンサーや政治家などの男性にも使うワザ。上手に打てば、「メイクしている感」が出ないのがこのアイラインを打つという作業なのです。

69

もっと大胆にいきたい日は目尻に3ミリライン

上手に引くコツは、目を開けたまますっと引くこと

69

今日はもっと目にインパクトを持たせたいという日には、「目尻のハネ上げ」を入れましょう。このラインは、好みで入れても入れなくてもOKです。入れると目元が引き締まり、グラマラスに見えます。横に目幅が出るので、目もさらに大きく見えます。しかし人によっては、クールになりすぎる場合もあります。ここは完全な好みなので、好きな方をチョイスしてください。

使うのはリキッドアイライナーです。ペンシルでは描けない、細く繊細なスッと伸びるラインが引けます。

このリキッドアイライナーを左右対称にきれいに引く方法があります。それは目を開けたままラインを引くこと。

目を閉じて引くと、目を開けたら意外と跳ね上がっていなかったり、ずいぶん下がっていたり、短かったりします。その点、目を開いたまま引くと一瞬でスッときれいに引けます。

このときも、鏡に両目を映し、両方のハネ上げのバランスを見ながら左右対称にしましょう。

マスカラは
折って使う

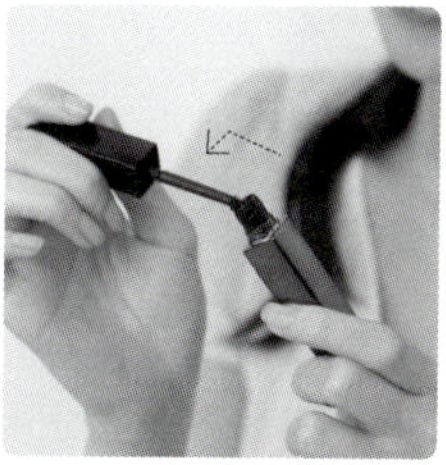

マスカラは、ブラシの首の部分を折って使うべし！
とても使いやすくなります。

70

マスカラのポイントはひとつだけ。マスカラ本体のブラシの首を「折る」ことです。折り曲げることで、まつ毛の角度にマスカラの毛の部分がしっかりフィットします。また、まぶたや目の下にマスカラがつくことを防ぎます。

165ページの写真のように、マスカラの口の部分を使って折り曲げてください。折るのは根元を30度ぐらいです。

折り曲げたマスカラは、塗りやすくてきっとびっくりするはず。塗り方は根元から毛先へ、ギザギザと左右に動かしながらからめるように塗りましょう。まつ毛がおうぎ形に開くように心がけます。

最新のマスカラはどれも、機能性や材質もかなり良いものが出そろっているので、アイライナーほど厳密に選ばなくても大丈夫です。プチプラのものでも機能性は十分です。

私もほとんどこだわりがなく、特に新作は、試せばほとんど「いいな!」と思うものばかり。注意としては、繊維たっぷりの、ダマになりやすいものを避けるぐらいでしょうか。

持つのはブラウンのみ。目元はシンプルなコスメでOK

テクニックを極めたくなるお気に入りを見つけましょう

〈 アイシャドウ 〉

プチプラアイシャドウならこれ！　指でラフにのせるだけで、自然なホリが生まれます。

ヴィセ リシェ シマーリッチ アイズ（BR-3）5.4g ¥1512（編集部調べ）／コーセー

〈 アイシャドウ 〉

品のある大人っぽさを手に入れたい人へ。ブラウンの中でも、ちょっと上品なパレットです。

ルナソル セレクション・ドゥ・ショコラアイズ（02）¥5400／カネボウ化粧品

〈 ビューラー 〉

目幅が大きく、目が少し前に出ている人向け。初心者でも挟みやすいつくり。

アイラッシュ　カーラー（替えゴム２本付）¥2160／SUQQU

〈 アイシャドウ 〉

指でつけると肌にしっとり溶け込みます。ムラにならない魔法のアイシャドウ。

ビオモイスチュアシャドー（06 ムーンニンフ）¥4104／MiMC

〈 カールキープ剤 〉

塗ったら二度とまつ毛が下がってこない！ これがないと仕事にならない必須コスメ。

キャンメイク クイックラッシュカーラー（透明タイプ）¥734 ／井田ラボラトリーズ

〈 ビューラー 〉

カーブが日本人の眼球にぴったり。これまでの経験上、ほとんどの人に合う。

アイラッシュ カーラー 213 ¥864（編集部調べ）／資生堂

〈 マスカラ 〉

まつ毛をしっかり根元から捉えてボリュームアップ。カール力も抜群です。

アディクション マスカラ ロング＆リフト WP ¥3456 ／アディクション ビューティ

〈 カールキープ剤 〉

プロになってからずっと愛用。ブラシに液がつきすぎたときは、口の部分で削ぎ落としてから使って。

エレガンス カールフラッシュ フィクサー（マスカラ下地）¥3240 ／エレガンス コスメティックス

〈 マスカラ 〉

プチプラコスメの名品。カールキープ力が抜群で、スポーツメイクにもおすすめ。

セザンヌ グラマラッシュカールマスカラ（ブラック）¥626 ／セザンヌ化粧品

〈 マスカラ 〉

まつ毛１本１本にしっかりからみ、ムラなく塗れる名品。優れマスカラの王様的存在。

グランディオーズ ¥4536 ／ランコム

〈 アイライナーペンシル 〉

パール入りのアイライナー。ツヤッとしたブラックカラーで、目元も潤って見える！

ドローイング ペンシル P ブラック 01 ¥2592／シュウ ウエムラ

〈 アイライナーペンシル 〉

芯が柔らかく、どんな人も使いやすいペンシル。汗や皮脂に強くヨレないのもすばらしい。

クリームアイライナー WP（ブラック）0.1g ¥1080／エテュセ

〈 リキッドライナー 〉

大人っぽい目元にしてくれる。目尻ハネ上げには欠かせない1本。

RMK インジーニアス リクイドアイライナー EX（01 ブラック）¥3024／RMK Division

〈 アイライナーペンシル 〉

柔らかく、描きやすいのに、落ちない&ヨレない優れもの。スポーツメイクでもOK。

ファシオ パワフルステイ ジェルライナー（BK001）0.1g ¥1296／コーセー

〈 リキッドライナー 〉

ちょうど良い細さの筆先で、失敗しにくい。水に強く、崩れにくいのでおすすめ。

セザンヌ ブラックアイライナー細芯（ブラック）¥518／セザンヌ化粧品

〈 リキッドライナー 〉

絶妙なブラウンブラックが、柔らかい目元をつくります。うるっとした愛され目に。

モテライナー リキッド TAKUMI BrBk-R（ブラウンブラック）¥1620／フローフシ

FOR WORK

オフィスの中でもこのメイクは映えます。自分らしさを生かした眉で「自分の人柄」を伝え、好感度の高いアプリコットのチークとリップ。そしてツヤ感のある肌。低めのポニーテールで少しクールにしました。

shirt:¥10000/ACUTE (zilquer)
pants:¥13000/YAMATO DRESS (arcatere)
bag:¥28000/LASKA BOOKS&DRESS
earrings:¥10000/Grossé
watch:¥14580(税込)/ABISTE
stole, necklace:own items

Same make-up,
different
Impression

Chapter 4

EYE BROW

眉は思い出せないぐらいが
ちょうどいい

71

眉は「思い出せない」のがベスト

少し前まで、眉は顔の額ぶちだと言われてきました。流行は眉に出るとも言われ、ファンデーションの後いちばんにメイクする場所も、何より「眉」だったのです。

しかし今の旬のモデル、女優の顔をパッと思い浮かべてみると、どんな眉だったか思い出せない人ばかり。綾瀬はるかさんや、石原さとみさんがどんな眉をしているのか、明確には思い出せません。

今は太眉ブームですが、その根底にあるのは「持って生まれた眉をそのまま生かす」ことです。「手を入れていない」ナチュラルさが美しい眉になっているのです。

だから、眉にとっていちばん大切なことは「ボサボサになるぐらいまでまず伸ばす」こと。レッスン中には、抜いたり剃ったりして眉がない人には「生えたら連絡くださいね!」と言うほどです。

ぜひ、1ヶ月ぐらい完全放置して、本来の眉の形を取り戻してください。「産毛がボサボサなんです」とか「放っておくとすぐ眉毛が長く伸びるんです」と、気にする人もいますが、毛流れのある太眉が今の流行なので、生えてくる人はむしろラッキーです。いちばんの理想は、眉のまわりにも産毛があり、眉毛自体にも長さがあるふんわり眉毛。「産毛も長い毛も、全部愛す」が合言葉です。

そしてこのふんわり眉が流行っている今、メイクの順番も変わりました。この本は、メイクしてほしい順番に解説していますので、アイメイクの後に眉という流れが理想です。

眉を後回しにするのは、眉が主役のメイクをしたくないから。眉からきっちり整えると、昔っぽい顔になってしまうのです。アイメイクから始めて、目を大きく、きれいに印象づけるのがいちばん大事なのです。主役は目で、眉はあくまで「おまけ」だと思ってください。

72

眉はあなたの内面を映す

眉は、その人の内面がいちばんよく表れるパーツです。

たとえば、20年ほど前は細い眉の全盛期で、柔らかさより「強さ」「かっこよさ」がうけた時代を表しています。

その時代の反動か、最近のアイドルなどの若い女の子たちがしている「下り眉」は、か弱さや守ってほしい、逆にいうと自分をさらけ出さない印象を受けます。眉と眉の間があいていて、眉尻が下がっているいつも困った感じは「あどけなさ」「子どもっぽさ」をアピールしているとも見えますね。

つまり、眉はその人が「こういう人ではないか」という印象を決定づけます。だからこそ、眉はできるだけいじらないでナチュラルでいるのが賢いのではないでしょうか。自然体の自分がいちばんです。

眉は形を整えると「本当はどんな人か」というのが分からなくなり、ひいては人を遠ざけてしまいます。

73

産毛を剃ると「貼りつけた海苔」のようになってしまう

眉を整えることは、ほとんどの方にとって、もう「身だしなみ」として習慣になっています。私のレッスンに来るからと、わざわざ眉をカットして来る人までいます。きちんとしている人ほど切ってしまう印象です。眉は抜かない、切らない、剃らない、と何度伝えてもそうなってしまう理由を考えていたのですが、たぶん「そうは言っても、抜かなきゃいけない毛ってあるよね」と皆さんが思っているからだと思います。

確かにあります。ただ、それが「ほんの数本」なだけ。しかも、それすらも切ったり抜いたりしないでいい人もいます。0〜数本です。だから、それを先に知りましょう。

それは、鏡を引いて顔全体を見て（くれぐれもじっくり眉だけを見つめないこと）、「眉が密集している場所から、かなり離れている濃くて太い毛は抜く」ことと、「その毛だけものすごく飛び出している剛毛は切る」です。密集している場所から、少しだけ欠けてまた集まっている毛もありますが、それは全部剃らずに残しておいてください。長さをそろえるのもナシ。眉のまわりに薄く生えている産毛も、全部そのままにしましょう。

眉にコームを当てて、同じ長さにカットする人もいますが、本来の毛は毛先が細くなっていくものです。この「毛先が細くなっている」ということがふんわりした柔らかさをつくり出すので、ぜひ長いまま伸ばしてください。毛の途中でバスッと切られてしまった眉は、硬く、強い印象になります。コームを当てて切ることを私は芝刈りと呼んでいますが、芝刈りは禁止！　ジョリジョリした眉では、女性らしさも半減してしまいます。毛が長いのは可愛いさの根源です。

また、眉毛は産毛が集まってつくられています。いきなり眉が生えているのではなく、産毛から眉になっていくのが自然です。なのに産毛をツルツルに剃ってしまったら、「貼りつけた海苔」のようになって、不自然な印象をつくってしまいます。

74

メイクの後で毛を抜くと美しい眉になる

「この毛って、抜いていいのかな？」と迷う毛があると思います。実は、それが簡単に分かる方法があって、それが「眉を描いた後に、眉を抜く（剃る）」ことです。眉を整えるのは、メイクを始める前ではなく、必ず後にしましょう。「絶対にこの毛はいらない！」と思っていた毛が、実は大切な役割を果たしていることがあります。どうしてもはみ出す長い毛だけをラフに切り、メイクした眉から遠い場所に生えている目立つ毛を抜きましょう。

また、よくある質問が「眉と眉の間の産毛」です。「眉がつながってしまいそう！」と、ここの産毛の処理に困っている人は多いです。

確かに、眉毛がつながって見えることは嫌ですよね。しかし私は、それでも、このゾーンはそのままが良いと思っています。さきほど言ったように、「突然眉毛が出現する」海苔の状態がいちばん怖いので、生やしたいのです。眉頭の太い毛があるので、産毛に目がいくことは、ほぼ皆無。数ミリまで顔を近づけない限りは、あまり気になりません。ただ、どうしても、本当に濃いんです！という人は、少なくとも目頭より内側は抜かないようにしましょう。眉頭が目頭より内側に入ると、間が抜けてしまいます。眉頭は目頭よりもちょっと出ているぐらいの方が、自然に見えます。

75

眉は「道具」があれば美しくなるパーツ

眉はナチュラルでいい！　とはいっても「そのままでいい」ということではありません。そのナチュラルさをその印象のまま、美しい太眉にバージョンアップさせる眉メイクを覚えましょう。

眉メイクにとって大切なのは、道具です。

眉は道具が何よりも美しさをつくります。そして、そのためには「スクリューブラシ」と「アイブロウブラシ」が欠かせません。このブラシなしには、時代の太眉はつくれない！　と言っても過言ではないほど。

まず「スクリューブラシを見たことがない」という人は、自分が使っているアイブロウペンシルのおしり側のキャップを外してみましょう。そこに、コイル状のブラシがついていませんか？　レッスンまでこのキャップを外したことがない人も結構いて、「あった!!」という声が飛び交います。アイブロウペンシルには後ろにブラシがついている商品が多いので、まず後ろのキャップを外してみてください。もしついていない場合は、スクリューブラシ単体で、プチプライスで売られています。このスクリューブラシが、生まれつきの美しい眉をつくるのに絶対必要です。

また、眉はアイブロウパウダーでつくるのですが、このパウダーをのせるには、アイブロウブラシを購入することを、強く強くおすすめします。ほとんどのアイブロウパウダーのパレットには小さなブラシが入っていますが、できれば、使わない方がいいでしょう。どうしてもこのブラシは、小さすぎて上手に使えないのです。短いから、力が入ってしまい「書く」感じで使ってしまいます。あれだけ小さなブラシで眉を描くのは、プロのヘアメイクでも少し難しいことです。

できれば持ち手が長いアイブロウブラシを1本、買いましょう。力をギュッと入れなくても描きやすく、手首の力を抜いて持てます。眉の毛にとって大切な柔らかさを出すには、長いブラシがいちばんです。

76

眉を描く前に、さっとブラシでなでる

眉を描くのに、ペンシル、リキッド、パウダーのどれがいいと思いますか？　さきほども言いましたが、柔らかい眉に欠かせないのが、パウダーです。ふんわりとした自然な印象になります。

「ペンシルではだめですか？」という質問もあるのですが、やはり固い芯があるもので描くと、スクリューブラシでぼかしても「描いた」痕跡が残ってしまいます。ペンシルの跡は色が毛となじまないと、自然に見えないのです。

また、色は、自分の髪の毛先ぐらいが理想です。全体の髪色よりもちょっと明るいカラーを使うのがいいでしょう。アイブロウパウダーのパレットには複数の色があるので、必ず混ぜて手の甲でチェックし、明るめに色をつくっていきましょう。

まず、描く前にスクリューブラシで毛と毛の下の皮膚をさっとなでます。これは、「土壌を整える」ためです。

ここまで、下地やファンデーションなど、いろいろ顔にのせてきました。それらは眉毛の下の皮膚にも当然ついています。スクリューブラシでなでると、それが取れます。

実はこれ、美しい眉を描くために欠かせないひと手間です。毛並みも整えられますので、アイブロウメイクの前の習慣にしてください。

眉の下の皮膚に何かがついていると、パウダーが過剰についたり、色ムラやダマができたりします。さらにスクリューブラシでなでてから眉を描いていかないと、アイブロウブラシに水分や油分が付着して、ブラシをすぐだめにしてしまうこともあります。ぜひ習慣にしてください。

77

眉は上のラインではなく下のラインを意識すると美人度が上がる

いよいよパウダーをのせていきましょう。

パウダーをのせるのは、まず眉山です。眉頭ではありません。

眉毛は骨の上の輪郭に合わせて生えてくることが多いのですが、笑ったり、怒ったりなどの自分の表情に沿って動くのがこの眉山です。自然な眉のためには、この眉山がいちばん大切です。

まず、眉山から眉尻をなぞるようにパウダーをのせていきましょう。眉山の位置を決めていくのです（1）。そして、描いた数だけスクリューブラシでなでます。もし5回パウダーをのせたら、スクリューブラシでその上を5回軽く削るようになぞりましょう。くれぐれも左右同時進行でつくってください。

これを繰り返して、眉をつくっていきます。

なぜスクリューブラシで、一度のせたパウダーをわざ

{1}

眉山を先に決める

{2}

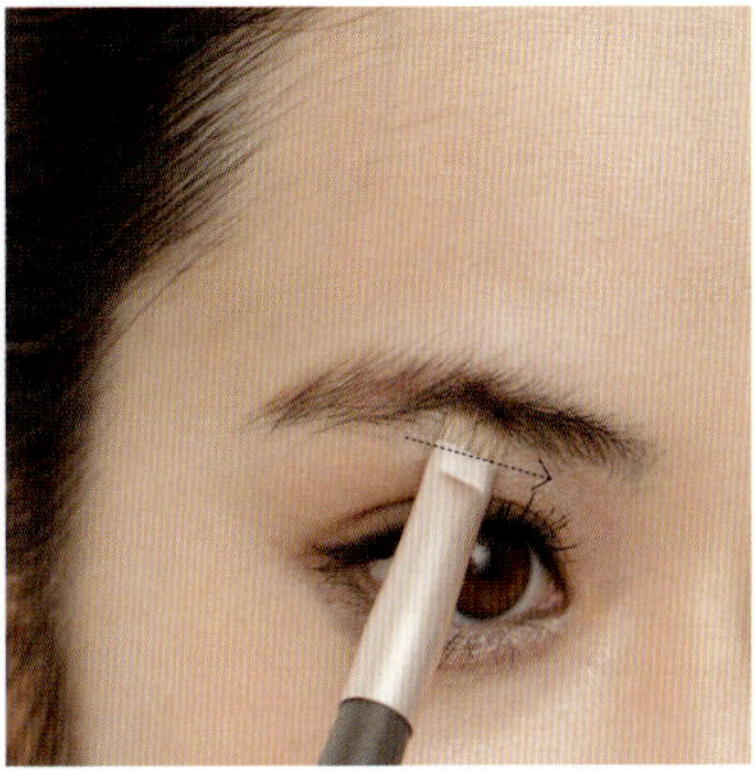

眉山から眉頭の方へとアイブロウブラシを動かす

わざ削るようにするかというと、こうすることで「皮膚とパウダーがなじむ」からです。「5回パウダーをのせたら、スクリューブラシで5回なぞる」ことを2〜3回ほど繰り返すと、ふわっと浮き出すように柔らかい質感の眉毛に仕上がります。パウダーでのせただけではつくれない、生まれつきふんわりしているような眉が、このスクリューブラシによってできてきます。

眉山から眉尻まで終わったら、次は眉山から眉頭までをつくっていきましょう。ここでのポイントは、眉山の下ラインから始めること。

そして眉山から眉頭に向かって、ブラシを動かします。つまり毛の流れに逆らって描いていきます（2）。こうした方が、皮膚にパウダーが自然につきやすく、眉頭を変に目立たせすぎなくなります。こうして毛に逆らって

〔3〕

スクリューブラシは眉頭から当てる

〔4〕

眉尻まで数回優しくぼかす

ブラシを運びます。毛を押し分けるようにしながら、皮膚にパウダーをのせるイメージです。

なぜ眉山の下ラインから始めるかというと、ここのラインを出すことで顔立ちがしまってくるからです。眉下のラインは、しめると急に美人度が上がります。眉は、上のラインではなく、下のラインを意識しましょう。

そうして、また5回パウダーをのせたら、またスクリューブラシで5回なぞっていきましょう。

パウダーは毛に逆らってのせるのですが、このときスクリューブラシは毛の流れに沿って、眉頭からスタートします。優しく眉尻までぼかしていきます（3、4）。

78

眉頭をさっと立たせると洗練される

これでパウダーは終わりです。最後にスクリューブラシでさっと眉頭の毛を立たせておしまい。この「眉頭の立ち毛」が、女性らしさの中に、生命力と意志を出してくれます。ちなみに眉頭には、追加してわざわざパウダーはのせません。

眉頭は、その人の印象をとても左右します。眉頭が寄っていると凛々しく、強いイメージになります。ですので眉頭にパウダーをのせると、ちょっと意志の強すぎる顔になってしまうのです。もともと、眉尻に比べて眉頭は毛がしっかり生えていることもあります。

たとえば毛が柔らかいモデルさんだと、洋服を着替えるだけで、眉頭の毛があっちに行ったり、こっちに行ったり動くのですが、写真を撮る前にスクリューブラシで眉頭を立たせると、ぐっと洗練された表情になります。毛を立たせるのは大事。毛が柔らかすぎる人は、後で紹介する、クリアな眉マスカラを塗ってみるのもいいでしょう。

79

毛をつくるのが「ペンシル」

「パウダーをのせた後に、どうしても隙間ができるんです」。これもよく聞く質問です。生まれつきや、抜きすぎや怪我などで眉毛が生えてこない場所がある人は結構多いのです。

こういう、あと少し微調整をしたい場合に活躍するのが「アイブロウペンシル」です。そんな人は、隙間にペンシルで描き足してください。方法は簡単で、ペンシルで数回ちょんちょんと毛を描き足して、またスクリューブラシでなじませます。これだけで隙間が簡単に埋まります。

また、もし顔全体を鏡に映したときに、ぼやっとした印象に見えてしまい、もう少し凛々しい感じがほしいときは、眉下のラインをペンシルで何回かなぞって、スクリューブラシでなじませてください。少し線が加わることで、凛とした表情になります。

重要な仕事のプレゼンや、ドラマティックないい女になりたいときなど、ちょっと意志のある表情でいたい日にも、眉下のラインは効果的です。たったひと筆のペンシルでの描き足しが、いつもとは違う表情を生み出します。

80

眉マスカラは眉をひそめて塗る

眉の色は髪の毛先と同じくらいの色がベストだと言いましたが、もし髪を染めていて、眉の色と髪色があまりにも違う人は、眉マスカラを使いましょう。塗るタイミングは、ここです。眉を仕上げた最後に塗りましょう。

このアイブロウマスカラは塗り方が肝です。塗り方を間違えると、せっかくふわふわにつくった眉の毛がペタンとなってしまい、海苔のようになってしまいます。

ポイントは「毛だけ」に塗ること。皮膚につかないように塗ることが大切です。

そのためには、「眉をひそめて塗る」こと。眉間にしわを寄せると、根元から眉毛が立ち上がってきます。その立ち上がった眉毛の根元から毛先までアイブロウマスカラを当てていくと皮膚に液体がつかず、毛も寝ません。

塗り方は、眉尻から眉頭に向かって、毛流れに逆らってつけること。さっと塗るのではなく、皮膚につかないように注意深く塗っていきましょう。こちらも塗り方は袋とじにつけています。

また、毛が柔らかくてよく動いてしまう人は、クリアなマスカラを使い、同じ方法で塗ることで、毛並みが整い美しい毛流れの眉が完成します。

81

絶対に落ちたくない日はコートもある

真夏の汗をかきやすい季節や、スポーツをするときなどにどうしても眉をキープしたい人は、アイブロウコートを使いましょう。フルマラソンでも眉毛が落ちません。

アイブロウコートは、すべての眉が描き終わった後に、眉の毛流れに沿って直接皮膚につけるように優しく塗っていくだけ。毛が寝てしまうと心配になる人もいるかもしれませんが、マスカラと違ってアイブロウコートは軽くて速く乾くので、優しく触れれば大丈夫。

皮膚にのせてなじませたパウダーも、修正で描いたペンシルも、アイブロウマスカラも一気にコーティングしてくれる優れものです。アイメイクのリムーバーで簡単にオフできるのも魅力的です。どのブランドにもあるわけではないので、私のおすすめをチェックしてください。

Eyebrow

眉のメイクは
パウダーとスクリューブラシが
決める

印象ゼロの眉を目指しましょう

〈 アイブロウパウダー 〉

髪色が明るい人にとくにおすすめ。混ぜるイエローの量で明るい色と合わせられます。

アナ スイ アイブロウ カラー コンパクト(02 イエローブラウン) ¥3024／アナ スイ コスメティクス

〈 アイブロウパウダー 〉

赤味をブレンドしながら描くと品のある大人の眉に。ブレンド次第でものすごく自然にヘアカラーとなじみます。

アイブロウ　クリエイティブパレット 3.3g ¥4536／イプサ

〈 アイブロウペンシル 〉

毛を１本ずつ、生えているかのように描き足せます。硬めのペンシルなので、丁寧に！　スクリューブラシもついています。

ファシオ パワフルステイ アイブロウ ペンシル（BR301）0.1g ¥1512／コーセー

〈 アイブロウパウダー 〉

使いやすい３色で、初心者も失敗なし！　プチプライスなのも嬉しい。

インテグレート アイブロー＆ノーズシャドウ BR631 2.5g ¥1296（編集部調べ）／資生堂

〈 アイブロウペンシル 〉

柔らかく、なめらかな描き心地が特徴。少しずつのせてぼかすと自然な眉に。

スルシィル プードル（アイブロウペンシル）093 ¥2900 ／パルファン・クリスチャン・ディオール

〈 アイブロウペンシル 〉

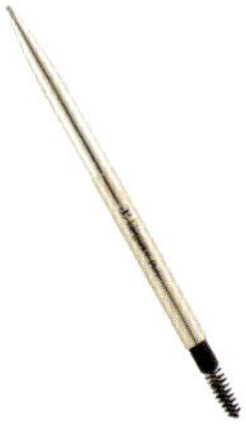

ナチュラルな眉色をつくる絶品カラー。眉メイクの仕上げに重宝しています。長年愛用しています。

エレガンス アイブロウ スリム（BR25）¥4104 ／エレガンス コスメティックス

〈 アイブロウマスカラ 〉

ゴワつかず、自然な仕上がりになります。カラーも豊富で、色持ちもすばらしい。

キスミー ヘビーローテーション カラーリングアイブロウ 04 8g ¥864 ／伊勢半

〈 アイブロウマスカラ 〉

眉が細く寝てしまう人向け。クリアタイプ。とかして、毛の流れを整えるだけで完成します。

アディクション アイブロウ マニュキア(00) ¥3024 ／アディクション ビューティ

〈 アイブロウブラシ 〉

トレンドの太眉を描けるザクッとした大きめのブラシ。ラフに描けるので、自然な眉に。

アディクション アイブロウ ブラシ ¥3780／アディクション ビューティ

〈 アイブロウコート 〉

仕上げた眉を一日中キープするアイテム。これ1本で、絶対に眉が取れない、落ちない！

アイブローコート ¥1080／オルビス

〈 アイブロウブラシ 〉

お手頃な価格が嬉しい。筆のサイズもちょうど良く、ラフ眉に仕上がります。

チャスティ マイチャーム レースキャップ付きアイブロウ＆ライナーブラシ　¥2376／シャンティ

〈 アイブロウブラシ 〉

長井かおりプロデュース。ふんわり眉のためにほしかったブラシを完全再現。小さめブラシだから微調整もしやすい。

GARAN アイブロウ筆＆スクリュー PBSB10 ¥5076／伽藍

WITH A BOY FRIEND

デートのときは、目尻のアイラインを下げ気味にして、可愛らしさを強調してもいいかも。また、「デートは唇をグロッシーにするといい」説もありますが、不自然なので、いつものグロスで十分です。

Same make-up, different Impression

blouse: 参考商品 /TIENS ecout
skirt:¥15000/YAMATO DRESS (yangany)
pierce:¥3240（税込）/ ABISTE
bracelet, bag:own items

Chapter 5
BLUSH & LIPS

好感度のすべてはチークにある

82

チークしか顔色を良くするものがない

笑顔に見せて、表情を明るくする魔法のコスメ、それがチークです。肌全体にうっすら健康的な血色を感じさせるものは、チークしかありません。入れると柔らかさも、生命力も、若さや幸せに満ちたハリ感も出ます。

反対に、チークを忘れると一気に老けます。たまに、「私は入れない」と言う人がいるのですが、実はチークしか若く見せるものがコスメにはないので、入れるのを強く強くおすすめします！　やっておいて損はありません。

また「顔色を良くするのは濃い色の口紅」と思っている人もいるのですが、それも間違いです。確かに、口紅も、赤い色を違和感なく塗れるコスメですが、肌自体に赤味をさすのとは意味合いが違います。

たぶんチークを塗らない理由は、「おてもやん」みたいになったり、そこだけ浮いて見えたりするので、難しく思えるからではないでしょうか。確かに、チークは入れ方を間違えると「うわっ！」となってしまうもの。でも大丈夫。いつでもどこでも、絶対に美しく見えるチークの入れ方をお教えします！

83

お手本はイギリスの
キャサリン妃のチーク

チークの位置は迷わず、ど真ん中に！　大きめブラシを黒目の真下、
小鼻よりちょっと上に置くと、キャサリンチークの完成です。

チークのお手本にぴったりの人物がいます。それは、イギリスのキャサリン妃です。キャサリン妃は、骨格がしっかりしており、本来は意志が強そうな顔立ちです。でも彼女の印象は、「幸せそう、優しそう」。それは、彼女が入れているチークのなせるワザです。チークが「柔らかい、優しい、可愛い」を引き出すのです。

入れる位置は黒目の真下、小鼻より少し上。右の写真の位置に、真正面から、丸く入れていきます。目標は、アンパンマンのほっぺのように丸く！　です。チークを上手に入れるには、鏡に向かって顔をまっすぐ見ること。そしてその位置から顔を動かさないで入れていきましょう。

たまに癖で、鏡に向かって、顔を横に向けたり、首を傾げたりしながら入れる人がいますが、そうすると左右非対称のチークになってしまいます。

もっと確実にしたい人は、笑った顔でチークを入れてもいいでしょう。笑ったときに膨らむ部分、盛り上がる場所がチークの定位置です。

84

アプリコットカラーは何もしてなさそうなのに可愛く見える最高の色

どんなファッションでも、どんなシーンでも、そして歳を重ねてもずっと似合う、スペシャルなチークのカラーがあります。それは、アプリコットとサーモンピンク。これらは、オレンジを感じるピンク。日本人の肌には黄味が入っているので、アプリコットやサーモンピンクの色は誰でも絶対に外しません。また、色に派手すぎる印象がないので、チークだけが浮き「個性的だね」と言われることもありません。

毎シーズンたくさんの新色が出るので、新しいカラーを試したくなると思います。しかし、基本はこのカラーで決めておきましょう。この2色は顔の色となじむので「おてもやん」になりにくいのです。逆に青みピンクやローズ、レッドはなじみにくいので、「おてもやん」率が高くなります。

青みピンクやローズ、赤いチークは、たまにファッションに合わせて塗るくらいをおすすめします。強い色ですので、これらは上手にぼかして塗るテクニックが必要です。つけたい人は211ページのコラムを参照ください。

少し光沢のある、パールが入ったものが使いやすいです。マットなものは、上手にぼやかすのにトレーニングが必要ですので、最初はツヤがあるタイプを選びましょう。自然に肌になじみます。

85

チークは2回頬をなでるだけ

チークは触れば触るほどムラになってしまうので、タッチが少ないほど美しくなります。大きめのブラシを使えば、たった2回のタッチで完成。

ひと昔前までは、メイク用のブラシはプロ専用で、一般の人には手が出ない高価なものばかりでした。でも最近では、質の良いブラシがお手頃な金額で手に入るので、一生のメイクテクニックのために、ぜひ大きめのチークブラシをそろえてほしいです。

というのは、大きいチークブラシは持つだけで肌にタッチする回数が減り、たった2〜3回のタッチでチークが終了するからです。小さなブラシだとタッチの回数が増え、ムラになったり濃くついてしまったりして、自然な感じに仕上げるのが難しいのです。

チークパレットに付属されている、薄くて小さいブラシでもだめではないのですが、どうしても濃いところ、薄いところが出てしまい、何度も重ねているうちにすごく濃くなって悪目立ちすることがあります。

チークを入れる方法は、チークブラシを目の真下、小鼻の横の位置に当てて、軽く2回その場で円を描くだけ。写真のブラシが当たっている位置です。

86

チークも「顔全体を鏡に入れる」を忘れない

左右に入れるチークも「顔全体を鏡に入れて、左右同時進行」という描き方を忘れないようにしましょう。

何度も言っていますが、顔は左右対象ではないので、片側のチークに合わせてもう片側を描くのはとても難しいのです。

チークを左右上手に入れるコツは、注意深く「いつも、顔が正面を向いているか」を意識することです。

これまで顔を横に向けて、こめかみから頬骨に沿って斜めに入れていたという人はとても多いです。レッスンでもよく「顔は正面だよ」「首を傾けないで！」と、何度も指摘しています。そう、私たちの習慣は、強く意識しないと修正できないのです。

街中で、よく顔の側面にチークを斜めに入れている女性を見かけます。正面から入れると可愛く見えるのに、これだけで老けてみえてしまい、もったいないことです。2週間ぐらい意識的に続けていれば、新しい習慣として身についていくはず。それまでは頑張りましょう！

Column #02

流行の赤チークはクリームチークでトライ！

たとえば、流行の強い赤や青みピンクのチークを入れてみたい！　ちょっと今っぽいメイクをしてみたいと思ったら、ベースメイクでのクリームチークでトライしてみるのがおすすめです。その方が、失敗しづらいです。

ぜひプチプラコスメからおすすめします。

仕上げのパウダーチークには、いつも通りアプリコットかサーモンピンクのものを使いましょう。こうすると、ほんのり赤味をおびて、流行の赤チークを上手に使いこなせますよ。

87

リップはチークと同じアプリコット

「私は明るい口紅を塗らないと顔色が悪く見えるから……」と言う人がいますが、血色はあくまでチークでつくるもの。

口紅を濃くしすぎると、それだけが際立ってしまい、血色どころか口紅が悪目立ちしてしまいます。だから、チークを必ず入れることを、まず忘れずに。そのあとのリップは、何よりも自然に色づいているのが一番ですので、これもナチュラルに肌になじむアプリコットかサーモンピンクにしましょう。オレンジを感じる色にしてください。

リップのカラーで禁止なのが、ボルドー系と青みピンク。これらは見た目に鮮やかで美しいので、モード雑誌や美容雑誌でよく見かけるのですが、実は色白の北欧の人たちに似合う色で、私たち日本人にはちょっと難しいのです。使う場合は、必ずサーモンピンクなどと混ぜてください。

88

使うのはグロスルージュがいちばん

リップのゴールは、もともとの唇の色かな？　というぐらい自然さを出すこと。おすすめは「グロスルージュ」。グロスルージュとは、グロスのツヤ感と口紅の発色の良さを兼ねそなえた、いいとこどりの商品です。グロスの形をしているものが多く、色がきちんと出ます。またはツヤがある口紅もＯＫ。ツヤがあると、唇の縦ジワも目立たなくなります。

いわゆるマットな口紅はできれば避けましょう。乾いた印象になってしまいます。こういったものを使いたい方は、上からほんの少しグロスを重ねましょう。また、グロスもベタッとして見えてしまいます。今は色つきリップグロスもたくさん出ていますが、それもツヤッとして仕上がりが素敵です。

リップの後は
唇のまわりをぐるっとなぞる

ラフに塗った唇は、最後に指でぐるりと一周します。
ただそれだけのひと手間で、プロ級メイクが完成です。

グロスルージュの塗り方にはコツがあります。それは指に取り、唇にトントンとのせていくようにつけること。そうすることで、もともとの唇かのような自然なツヤが出ます。指に取れば塗りすぎてしまう心配がなく、色も濃くなりません。そのまま唇に塗り、ツヤ感を超えて、デロデロに見えてしまうことが怖いのです。

塗った後は、唇のまわりを指で一周なぞります。これだけで唇のラインがすっきりして、清潔感が出ます。これは絶対に行うことをおすすめします。こうすると輪郭がぼかされて、リップが自然と溶け込みます。塗りっぱなしの唇は浮いて、わざとらしくなります。

昔のように、唇のラインをとってきっちり塗っている人は少ないと思いますが、こういったスキのないメイクは厳禁です。目指すは「ラフに塗ったような唇」。唇をぐるっとなぞることで、はみ出すぎていないちょうどいい唇になります。街を歩いていて、「ああ、あの人唇をぐるっとするだけで完璧なのに！」とよく思います。これを無意識にできるようになるまで癖づけると、もうプロの領域です。

90

唇の山にパールホワイトを塗るとセクシーになる

色っぽさはとても簡単！　唇の山にパール感を出せば、立体感のある、ふっくらした唇に仕上がります。

唇をふっくらセクシーに見せる隠れワザがあります。それは、パールホワイト（もしくはパールピンク）のアイシャドウをアイシャドウチップに取り、唇の山部分だけをちょっとなぞること。

これだけで、唇に立体感が出ます。つまり、女性らしくセクシーに見えるのです。またパールが入っているので、ツヤっぽさも出ますし、なんとも美しい唇に見えてくるのです。

このシャドウは、ペンシルタイプの商品もあるので、アイシャドウのパレットにカラーが見当たらない人は、ペンシルタイプを唇の山用に買い足すのもおすすめです。

「唇が薄い」「唇の形がイマイチ」なんて思っている人も、これだけで唇がぷっくり整って見えます。デートの前や、お出かけの日など、特別な日にも使えるテクニックです。ぜひトライしてみてください。

Cheek & Lip Make-up

アプリコットかサーモンは私たちの肌をきれいに見せる

さりげなく、でも確実に「好感度大」な色をつけましょう

〈 **パウダーチーク** 〉

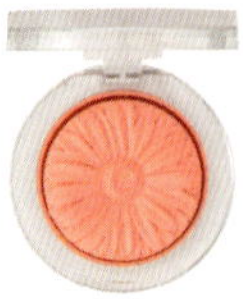

ほど良いパール感がツヤのある美しい頬に導きます。入れるだけで、一気にハッピー感がまとえます。

チークポップ（ピーチポップ）¥3240／クリニーク

〈 **パウダーチーク** 〉

このチークはとにかく若々しくヘルシーな印象にしてくれます。色をブレンドするとツヤが出て◎。

ポール & ジョー パウダー ブラッシュ 04 ¥3240（セット価格）／ポール & ジョー ボーテ

〈 **リップ（アプリコット）** 〉

このまま塗って、最後の指でトントンと調整しましょう。ツヤと色持ちの良さが抜群。

ルージュ ピュールクチュール ヴェルニ ポップウォーター（208 ウェットヌード）¥4428／イヴ・サンローラン・ボーテ

〈 **パウダーチーク** 〉

ムラなく仕上がるクオリティに惚れ惚れ、しかもプチプラ！

スウィーツスウィーツ プレミアムショコラチークス（03 ピーチショコラケーキ）¥1296／シャンティ

〈 リップ（アプリコット）〉

発色がきれいなのに保湿もしてくれます。リップクリーム代わりにバッグに１本。

キャンメイク ステイオンバームルージュ 06 スウィートクレマチス ¥626／井田ラボラトリーズ

〈 リップ（アプリコット）〉

男性にも女性にも好印象の発色です。どんな肌色でも美しくする万能カラー。

マキアージュ ドラマティック ルージュ OR221 ¥3240（編集部調べ）／資生堂

〈 リップ（赤）〉

色づく程度の発色なので、赤リップとして最強の使いやすさ。ツヤ感もほど良い。

エレガンス クルーズ ステイン ルージュ（M01）¥2700／エレガンス コスメティックス

〈 リップ（赤）〉

ツヤッとした血色のいい唇にしてくれます。グロスタイプなので失敗しない赤リップ。

エッセンスグロスルージュ（ストロベリードロップ）¥1296／オルビス

〈 唇山 〉

唇の山にナチュラルに密着します。色っぽさが自然と出る不思議コスメ。涙袋にも使えます。

ロングウェア クリーム シャドウ スティック（04 ゴールデンピンク）¥3780／ボビイ ブラウン

〈 リップ（赤）〉

ココナッツオイル配合で、しっとり仕上げます。見た目よりもナチュラルな発色でとても可愛い。指でつけて。

rms beauty リップシャイン（セイクレッド）5g ¥3672／アルファネット

Cheek & Lip Make-up

〈 唇山 〉

唇山専用のスティックです。反対側はリップカラーになっているので、１本あると便利。

プロスカルプティングリップ No.40（カーマインレッド）¥3996／メイクアップフォーエバー

〈 唇山 〉

アイシャドウパウダーですが、これをチップで唇の山へ。もちろんアイシャドウとしても◎。

アイカラー（BE1）1.2g ¥864／エテュセ

〈 チークブラシ 〉

上質な熊野筆で肌触り抜群。大きめのチークブラシは美人への近道。

GARAN チーク筆 PBCG10 ¥11016／伽藍

〈 チークブラシ 〉

理想のチークブラシ。この大きさを使うと、チークが実に簡単に、ササッと入れられます。

ブラッシュ ブラシ ¥7560／ボビイ ブラウン

〈 フェイスシェイバー 〉

肌に優しく産毛を処理できます。メイクした上からも使えるので持っておくと便利です。

パナソニック ES-WF60 オープン価格／パナソニック

〈 チークブラシ 〉

ポーチに入れて持ち歩くのに最高。コンパクトサイズの中ではいちばんです。

熊野筆チークブラシ SGP11 ¥6264／アルティザン・アンド・アーティスト

Column #03

寝坊した日は
赤リップでごまかす

「寝坊して、メイクをする時間がない！」という日に役立つのが赤リップ。赤リップの派手さにおしゃれ感が出て、手抜きした感じが出なくなります。また、ここで伊達メガネを必ずつけましょう。赤リップの強さにも負けないので、すっぴんの顔をよりおしゃれに見せます。

流行の赤リップだけは、ツヤが控えめな質感のものを１本持っておくと便利。やはり指に取って、トントンと色をのせていきます。唇に叩いて入れていくような感じ。こうすると、ベタッとして失敗しがちな赤でも、失敗しません。赤リップは思い切ってしっかりのせましょう。すっぴんのときにあいまいな色にしてしまうと、逆に効果はありません。

はっきりとした赤と伊達メガネが、すっぴんを気づかせません。

Cover up with a red lipstick

WITH RED LIPSTICK

目覚めたら、時間がなかった！　そんな日はさっとレッドリップと伊達メガネを。しっかりとした赤い色が出るように、思い切ってのせましょう。すっぴんだからこそはっきりした色がおしゃれに見えます。

tops : ¥9000 / YAMATO DRESS (yangany)
pants : ¥15000 / YAMATO DRESS (yangany)
necklace : ¥12800 / LASKA BOOKS & DRESS
scarf, glasses : own items

Chapter 6 HAIR

後れ毛を愛する

91

美人はコームやブラシを使わない

ロングでもミディアムでも、ショートヘアでも、髪にはコームやブラシは使いません！　すべて「手」を使いましょう。「なぜだかきれい」と言われる秘密は、「メイクした感がないこと」だと何度も言っていますが、もちろん髪もそうです。ラフなエアリー感のある髪が手に入るだけで美人度が違います。だから、ピシッとコームでとかした髪は厳禁。手だけで仕上げるのが、ラフになり好感度が高いのです。

私は寝癖がひどくて……という人もいるかもしれませんが、寝癖くらいのルーズ感が可愛いです。「スタイリングが上手だな」と思う人は、実は手ぐしでざっくりまとめているはず。

ラフな髪のためには、「少量のバームにワックスを混ぜたもの」が活躍します。バームは、ツヤをつくるのはもちろんのこと、髪の保護もしてくれます。いい香りのものも多く、コロン代わりにもなります。これに硬めのワックスを混ぜ、しっかり手のひらで伸ばしてから、手で髪をとかしましょう。これがうまくなるには少し練習が必要ですが、日々のトレーニングあるのみ。最初は少量のバーム&ワックスからスタートしていくのがポイントです。ツヤが足りないときは、後からバームを足すとうまくいきます。まとまりにくいときは、後からワックスを足してください。

92

分け目は毎日変える

「分け目はどちらですか？」とはよくヘアサロンで聞かれるものですが、自信を持って「分け目は決めていません！」と答えましょう。分け目の部分が日焼けし、角質が固くなって根元が弱り、薄毛の原因にもなるのです。

アイドルたちは分け目がぴっちりしているけれど、日々のことにはしないように。分け目は危険ゾーンで、そこが貧相だと急に老けて見えてしまいます。分け目はどこにあるのか分からない方が、断然若々しいのです。

そのためには、分け目は毎日変えましょう。思い切って、左右、中央と毎日、朝起きたときのクセに合わせて変えてみてOK。

人の顔は左右違うので、分け目の位置で顔の見え方や雰囲気もガラッと変わるので、それも楽しみましょう。左に分け目をつくると大人っぽく見えたり、中央で分け目をつくると若く見えたりといろいろです。鏡を見ながら「私の顔って、こんな印象にもなるんだ」と、新しい発見を楽しんでください。

93

ポニーテールは
こめかみともみあげ
がすべてを決める

後れ毛を愛しましょう。これがラフ感の決め手です。

①②③の順にまとめる

ポニーテールはどの高さで結んだかで印象が違うので、ひとつ覚えておくだけでいろいろなシーンで使えます。171ページのようにオフィススタイルにも似合います。

まずバームとワックスを混ぜたものを手全体に薄くつけます。そして髪を手のひらで押さえるのではなく、指を立てるようにしてまとめていきましょう。ポイントは最初の一手。まず手ぐしで中央の髪をトップへ集めます。次に耳上の左右の髪を集めます。最後に襟足。最初が肝心な理由は、初めに中央で集めた部分がトップの高さを決めるから。もし左右からスタートすると、分け目が出てしまって、ふんわりさせたい部分がつぶれてしまうのです。

ひとつに束ねたら、まずはナイロンの髪ゴムでぎゅっと結びましょう。このぎゅっと感が甘いと、後から毛束を引き出したときに崩れてきます。もしシュシュなどを使いたい場合も、先に結んでおきましょう。この後、トップの毛束を数ヶ所引っ張り出します。思ったよりも多めに出してOKです。この引き出し＝くずしが超重要です。

そして最後の仕上げは「こめかみ」と「もみあげ」。ここの髪を、引き出して崩すこと。この2ヶ所がルーズ感を決めます。前髪とつながっているこめかみと、もみあげの毛。この流れにラフさがあるからこそ自然になります。

94

ルーズなおだんごヘアは大人のたしなみ

おだんごで大事なのは、こめかみ、もみあげ、襟足の後れ毛。
ポニーテールさえ会得すれば、このおだんごのヘアアレンジも簡単です。

おだんごヘアは、さきほどのポニーテールの延長でつくれます。手をかけているようでまったくかかっていないアレンジなので、ぜひ覚えておきましょう。たとえば夏の暑い日にさわやかさを出したり、パーティでこのおだんごにリボンやカチューシャなどをつけるだけで、ぐっと華やかになったりします。

つくり方は、さきほどのポニーテールをつくり、ピンで毛束を留めていくだけ。

髪をまとめて、ゴムで結び、トップの毛束を引き出して、顔まわり、もみあげ、後れ毛を引き出すところまではポニーテールと一緒。

そこから、ポニーテールのしっぽの部分の毛束を何となくゴムのまわりにぐるぐるっと巻きつけましょう。そして巻きつけた毛束を抑えながら、アメピンをゴムに向かって1本打ちます。そこが決まれば、あとは2本ぐらいアメピンを追加するだけ。また、巻きつけたおだんご部分のフワフワが崩れないように、3本ほどUピンも差しましょう。おだんごの高さによって印象が違うので、アクティブにしたいなら高めに、大人っぽさを出したいなら低めになど、いろいろ楽しんでください。

これも練習は必要ですが、最初のピン1本をしっかり打っておけば、なだれは起きません。外出先で直すのも、そんなに難しくないです。

95

サラサラヘアは老けて見せる

今はやっているのが、ふわっとしたニュアンスでゆるいウェーブなので、どうしてもストレートのサラサラヘアは古い感じがして、その人を老けて見せてしまいます。きちんととかした髪や、癖ひとつないストレートは何か古いのです。髪の毛に欠かせないのは「ゆるっと感」に尽きます。いちばん気をつけてほしいのが、ショート&ミディアム、ボブヘアの人です。アレンジが必要のない髪型ですが、それだけにサラサラになりがち。そういう人はゆるっと感をとくに意識しましょう。

それは簡単な習慣で手に入ります。バームを手のひらに伸ばして、根元以外の髪全体に揉み込むだけ。これだけで、ツヤとゆるっと感が出て今っぽくなります。

癖がつきづらいまっすぐな髪質の人は、メイクを始める前にざっくりハーフアップで髪を結ぶなどして、癖をつけておくことをおすすめします。メイクが終わってゴムをほどいたら髪が自然と立ち上がり、ゆるい癖がつくのでセットしやすくなります。バームを使えば、髪のトリートメントになるので、一石二鳥です。さらに余ったバームは手に塗り込めばハンドクリームにも。髪が柔らかくて、毛が寝てしまうなら、硬めのワックスと混ぜて使ってもいいでしょう。伸びかけでまとまらない時期のアレンジにも重宝しますよ。

96

髪にもUVケアをシュッとひと吹きで、色抜けは防げる

「髪がすぐに傷むんです」「毛先から色が抜けちゃって」という人が結構いるのですが、実はUVケアで何とかなる場合が多いです。

髪までUV？　と思うかもしれませんが、髪のダメージの原因のひとつは「日焼け」。たとえば初夏から夏にかけて日中に外を歩くと、そのままでは毛先がダメージを受けます。

これを防ぐのが、髪にもUVケアです。私がおすすめするのはスプレー式のUVケア商品。とても簡単で、玄関に1本置いておいて、出かける前にシュッとすれば手間もかかりません。

いちばんいいのは、顔にもOKなスプレーを買い、出かける前に髪、ついでに顔にもササッとスプレーすること。顔にもここでメイクの上からダメ押しのUVケアをすると安心です。UVスプレーは、ハイスペックなものから、お子さんも一緒に使える天然系の商品までそろっていますから、ぜひお試しを！

97

頭皮は顔とつながっている

頭皮と顔はつながっています。だからどうしても、頭皮が健康でなければ顔はくすむし、ハリも出てきません。

実は先日、白髪染めを体験したのですが、この薬剤がとてもきつく、頭皮がキシキシと痛み、数日間は硬さが抜けず、さらには顔色も悪くなりました。頭皮にとって過酷な環境は、顔にも影響することを実感しました。

頭皮の健康の基準は「青白い」色です。くすんだ黄色や茶色は血流が悪いサインで、こういった色だと顔もくすみがち。また、おでこのシワも、頭皮の硬さが原因のひとつだったりします。顔だけではなく、ぜひ頭皮のケアも気にしましょう。毎日のシャンプーを丁寧にしたり、マッサージしたりすると効果的。スペシャルケアとして、ヘアサロンに行った際はメニューにヘッドスパを追加してください。顔色が明るくなります。

98

パドルブラシを使うと顔が引き上がる

頭皮のケアも、顔と同じように日々の積み重ねです。日常でのケアの方法を知っておきましょう。

重宝するのが「パドルブラシ」です。パドルブラシとは、マッサージ用のブラシのこと。クッション性が高いので、強めにブラッシングしても頭皮に負担がかかりません。

疲れがたまっていて血行が悪いときは、ブラシを当てるだけでとても痛いときがあります。疲れているサインですが、その疲れは、きっと顔にも出ています。ですから、日々このパドルブラシを使って丁寧に頭皮から髪をとかしましょう。私はテレビを見ながらや、お風呂に入る前などによくしています。これだけでも頭がすっと軽くなり、首まわりのコリも改善できます。

シャンプー前やメイク前に、パドルブラシで頭皮と髪をとかすだけで、ちょっとずつ頭皮の環境は良くなっていきます。ぜひ日課にしてください。

99

マッサージをすると抜け毛や髪が細くなるのをケアできる

たまに頭皮を触らせてもらうと、驚くほど硬い方がいます。もう、骨に皮膚がくっついているような、弾力が少しも感じられない硬さ。意識していないと分からないと思うのですが、頭皮の硬さというのはブヨブヨでも、カチカチでもだめ！　ちょっと圧をかけると指が沈むぐらいの弾力があるのが、健康的です。頭皮が凝って硬くなると、ちょっと押しただけでとても痛いものです。

さきほどのパドルブラシもいいのですが、自分の手で頭皮をマッサージするのも効果的です。「頭皮ケア用エッセンス」というものがあるので、それを使うと毛穴の詰まりを取り除き、抜け毛や白髪、髪が細くなっていくのもケアできます。

とくに、触ってみてほしいのは「襟足」「こめかみ」「耳裏」です。たとえば、襟足を触ってみると、脂っぽい人がいます。意外に多くの人が触ったことがない場所なので、ぜひこの機会に触ってください。脂が毛穴を詰まらせてしまうことがあるので、頭皮ケア用エッセンスで丁寧にマッサージして、汚れを取り除いてください。

また、こめかみと耳裏は、硬くなっている人が多い場所です。ここの詰まりが血流を悪くして、頭皮を黄色くくすませます。肩こりの原因でもあります。

指の腹で、イタ気持ちいいくらいの圧で頭皮を揉みましょう。

できれば週に2日は、シャンプー前に頭皮ケア用エッセンスをつけて指マッサージをするか、指の代わりにパドルブラシでブラッシングすることをおすすめします。

100

毛先はバームかオイルで守る

どんな髪の長さでも、どうしてもパサついてくるのが毛先です。ここのケアだけは、髪を洗った後にすぐしましょう。そうすることで髪を守ることができます。朝に髪を洗う人も、忘れずにここでひと手間かけましょう。

必要なのは、少量のバームやオイルです。オーガニック系のものが香りが良く、リラックス効果が高いのでおすすめです。

ドライヤーをかけて半乾きになったぐらいで、毛先にちょっとだけバーム（オイル）をつけます。髪の乾燥が気になる人は、髪の毛の中間から毛先まで少ししっかりめにつけましょう。

少しなじませただけで、まとまり感も出ます。サラサラヘアより、ちょっとまとまり感がある方が、アレンジもしやすくなりぐっと今っぽくなります。

猫っ毛でオイルは苦手！　という人はバームがいいでしょう。ただし、バームもオイルも最近はベタッとしないものが多いので、怖がらずに使ってOKです。

頭皮も顔の一部！ケアすると顔が引き上がる

いつも清潔で、青白い頭皮を目指しましょう

〈 マッサージ 〉

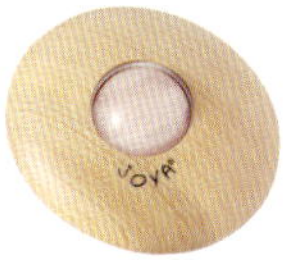

中央の天然石ボールで頭をマッサージ。頭皮ケア用エッセンスもつけて行ってみましょう。毎日忙しい女子にヒーリングタイムを。

ジョヤ ローズクウォーツ ¥10183／フローラハウス

〈 パドルブラシ 〉

頭皮マッサージ用ブラシの中でコストパフォーマンス最強です。頭皮への当たりが良く、しっかりブラッシングできます。

パドル　ヘアブラシ ¥1944／ザ・ボディショップ

〈 頭皮ケア用エッセンス 〉

頭皮の毛穴に詰まった汚れをシリカとクレイできれいに落とします。潤いながら、クリーンな頭皮へ導きます。

ユメドリーミン エピキュリアン ヘアクレンジングクレイ（頭皮用クレンジング）280ml ¥6480／ツイギー

〈 パドルブラシ 〉

髪を頭皮に当ててとかすだけで、顔ラインがすっきり。心地よい刺激で、血流を促し、頭がポカポカに。

ジョンマスターオーガニック コンボパドルブラシ ¥3672／スタイラ

〈 頭皮ケア用エッセンス 〉

柑橘系の香りがリフレッシュさせてくれます。頭皮がすっと爽快になるので愛用しています。

ルネ フルトレール アステラ フレッシュ フルイド 50ml ¥6480／ピエール ファーブル デルモ・コスメティック・ジャポン

〈 頭皮ケア用エッセンス 〉

頭皮を柔らかくほぐし、顔の皮膚も引き上げてくれるオイル。香りの癒やし効果も抜群。

スージング マッサージオイル 100ml ¥3456／ニールズヤード レメディーズ

〈 ヘアスプレー 〉

セット力が強いのにナチュラルに仕上がります。バリバリに固めない魔法の商品。

スタイリングスプレーオブヘア・9SH 125g ¥1944／オブ・コスメティックス

〈 ヘアスプレー 〉

必ず撮影現場に持っていくヘアスプレー。ふわっとしたニュアンスもキープ！

ロレッタ フワフワシュー 180g ¥2160／モルトベーネ

〈 ヘアバーム 〉

髪だけでなく、ハンド＆ネイルケアにも使えます。ローズの香りもうっとりもの。

ローズ ド マラケシュ ジェルド アンガン-ローズ 40g ¥2592／ジェイ・シー・ビー・ジャポン

〈 ヘアスプレー 〉

特有の香りがほぼないナチュラル成分配合のスプレー。ほど良いキープ力が重宝します。

エアー コントロール 235g ¥3456／アヴェダ

〈 ヘアバーム 〉

香りが続くので、コロン感覚で使うのもおすすめ。キープしたい場合はワックスと混ぜて。

ナチュラル パフュームド ボディ＆ヘアバーム（ローズブーケ）35g ¥1728 ／ボーテ デュ サエ

〈 ヘアバーム 〉

髪全体になじませてからアレンジすると、ツヤのあるニュアンスヘアが簡単にできます。

ジョンマスターオーガニック ヘアワックス 57g ¥3888 ／スタイラ

〈 UV スプレー 〉

スポーツ時の汗でも落ちない強力スプレー。顔だけでなく、髪にもしっかり使えます。

スポーツ ビューティ UVウェア スプレー 70g ¥1620（編集部調べ）／コーセー

〈 UV スプレー 〉

ナチュラルな成分でできたUV スプレー。一家にひとつ、みんなで使えます。

サンスクリーン スプレー ライオス（無香料）70g ¥1728 ／リベルタ

〈 UV スプレー 〉

UV ケアでは珍しい、無添加のスプレーです。敏感肌の人や赤ちゃんにも。

スキンピースファミリー UVスプレー 60g ¥950 ／グラフィコ

ヘアケア、スタイリング剤は、オーガニックやナチュラル系がまだまだ少ないけれど、なるべく頭皮に優しいものを選ぶこと

WITH A PONY TAIL

誰でもできる髪型だからこそ、あか抜けるのか地味になるのか、両極端なのがポニーテール。だからしっかり練習しましょう！　テールの部分にうねりやハネがあった方が良いので、寝癖がついた日ほどポニーテールにした方が可愛いですよ。

tops:¥12000/ACUTE(zilquer)
Necklace:¥14580（税込）/ABISTE

Same make-up,
different
Impression

Same make-up,
different
Impression

WITH A HAIR BUN

実は大人っぽいのが、ナチュラルメイクにお団子ヘアの組み合わせ。顔まわりがすっきりするので、肌のつややかさが、より際立つスタイルに。ラフに仕上げたお団子と、ツヤ感のあるメイクは好相性です。

tops:¥18000/YAMATO DRESS (yangany)
pierce:¥20000/Grossé

おすすめコスメボックス整理術

すべて無印良品のボックスでつくっています

Ⓑ
〈 すきま収納 〉

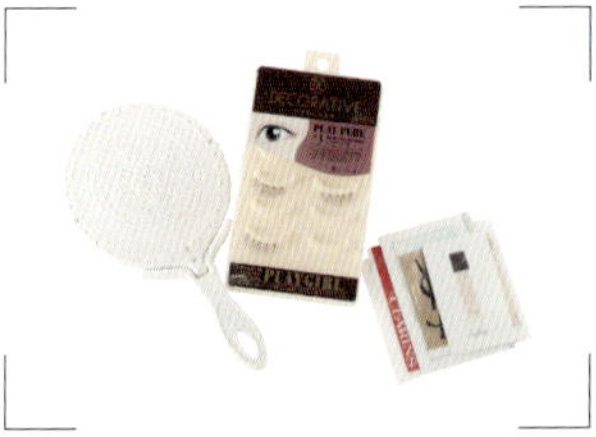

カゴの隙間には薄い物を差し込んでおきましょう。手鏡や、雑誌の付録、もらった化粧品のサンプルも小袋に入れて隙間に収納しておくと、無駄にしない！

Ⓐ
〈 高さのあるもの 〉

寝かせて置くとバラバラになって探しづらい物は、６分割のケースを使って立たせておくと便利。「コーム、ヘアピン」「ビューラー、毛抜き、シェーバー」「リップクリーム＆ハンドクリーム」「ペンシル系のアイカラー」「マスカラ」「アイライナー」のエリアに分けて。

Ⓒ
〈 リップ系（低めのもの）〉

リップ、グロス類はどうしても増えていきます。立てておけば使いたいカラーがすぐに選べます。綿棒の空きケースで代用しても OK。

Ⓓ
〈 ブラシ類 〉

うっかり見つけられなくて、付属のブラシを使うことがないように。きちんとまとめておけば、探す手間も省けます。パウダー用ブラシ、チップ、スクリューブラシ、アイブロウブラシ、チークブラシはここへ。

Ⓔ
〈 ベースメイク系 〉

ベースメイクで使う下地、リキッド、コンシーラー、クリームチーク、パウダー（塩、砂糖）を収納。ベースメイクだけで分けておくと便利。クリームチークはベースメイクのコーナーに入れておくこと！

Ⓕ
〈 ポイントメイク系 〉

アイブロウ用のものは、空いた綿棒ケースを中に入れて、立てておくと使いやすい。アイブロウパウダー、アイシャドウコンパクト、チークもここに収納。

Ⓖ
〈 スキンケア＆ヘア系 〉

化粧水、美容液など、スキンケアは空いたスペースにおきます。パフやスポンジは巾着に入れておくと取り出しやすい。このあたりにヘアスプレーなども。綿棒とコットンを入れるケースは透明のケースを厚紙で仕切って収納。

〈 ハンドタニタイザー（消毒スプレー）〉

オーガニック系でもよく見かける手を消毒するスプレー。出かける前や帰宅後にも使えるけれど、メイク中にも使える商品。ファンデで汚れた手などは、きちんと消毒してから次のステップへ。

〈 ヘアピン 〉

どこかに行きがちなヘアピンは、可愛い空ケースに。Ⓐのコーナーに入れておけば、ヘアアレンジもスムーズ。

シスレージャパン／03-5771-6217
資生堂／0120-30-4710
シャンティ／0120-56-1114
シュウ ウエムラ／03-6911-8560
スタイラ／0120-207-217
SUQQU／0120-988-761
THREE／0120-898-003
セザンヌ化粧品／0120-55-8515
ツイギー／03-6413-1590
ドクターシーラボ／0120-371-217
ニールズヤード レメディーズ／0120-554-565
ネイチャーズウェイ／0120-060-802
HACCI／0120-191-283
パルファン・クリスチャン・ディオール／03-3239-0618
ピー・エス・インターナショナル／03-5484-3483
スパークリングビューティー／06-6121-2314
ピエール ファーブル デルモ・コスメティック・ジャポン／0120-638-344
ファティマ／03-6804-6717
フローフシ／03-3584-2624
フローラハウス／0120-775-669
ベアミネラル／0120-24-2273
ヘレナ　ルビンスタイン／03-6911-8287
ボーテ デュ サエ／0800-111-3811
ポール & ジョー ボーテ／0120-766-996
ボビイ ブラウン／03-5251-3485
メイクアップフォーエバー／03-3263-8288
ローラ メルシエ／0120-343-432
モルトベーネ／03-3204-0111
ラ ロッシュ ポゼ／03-6911-8572
ランコム／03-6911-8151
リベラルライフ・クリエーション／0120-979-751
リベルタ／0120-718-456
レクシア／0120-444-159
レ・メルヴェイユーズ　ラデュレ／0120-818-727

コスメはすべて税込表記です。

Shop List Cosmetics

RMK Division ／ 0120-988-271
アヴェダ／ 03-5251-3541
アディクション ビューティ／ 0120-586-683
アナ スイ コスメティクス／ 0120-735-559
アルティザン・アンド・アーティスト／ 0120-220-650
アルファネット／ 03-6427-8177
イヴ・サンローラン・ボーテ／ 03-6911-8563
伊勢半／ 03-3262-3123
井田ラボラトリーズ／ 0120-44-1184
イプサ／ 0120-523-543
ヴェレダ／ 0120-070-601
エスト／ 03-5630-5040
えそらフォレスト／ 0120-052-986
エテュセ／ 0120-074-316
エトヴォス／ 0120-047-780
有限会社エム・アール・アイ／ 03-6419-7368
MiMC ／ 03-6421-4211
エレガンス コスメティックス／ 0120-766-995
オブ・コスメティックス／ 03-6274-6621
オルビス／ 0120-050-050
貝印／ 0120-016-410
花王／ 0120-165-692
花王ソフィーナ／ 0120-165-691
カネボウ化粧品／ 0120-518-520
カラーズ／ 050-3786-2333
キールズ／ 03-6911-8562
グラフィコ／ 0120-498-177
クラランス／ 03-3470-8545
伽藍／ 052-242-7741
クリニーク／ 03-5251-3541
ケーツー・インターナショナル／ 086-270-7570
コーセー／ 0120-526-311
ザ・ボディショップ／ 03-5215-6160
ジェイ・シー・ビー・ジャポン／ 03-5786-2171

Shop List Clothes

［ **衣装協力** ］

（株）ABISTE
〒107-0062　東京都港区南青山3-18-17 エイジービル
TEL 03-3401-7124

ACUTE Inc.
〒150-0031　東京都渋谷区桜丘町4-24 桜ヶ丘平井ビル5F
TEL 03-5784-0390

AIMER
〒160-8334　東京都新宿区西新宿3-2-11 新宿三井ビル　2号館14階
TEL 0120-209-520

Angejouer
〒160-8334　東京都新宿区西新宿3-2-11 新宿三井ビル　2号館14階
TEL 0120-918-296

（株）coen
〒107-0062　東京都港区南青山5-10-5 第1九曜ビル3F
TEL 03-6419-4600

LASKA BOOKS&DRESS
〒150-0001　東京都渋谷区神宮前4-23-6 Perry House　No.4
TEL 03-6455-4111

TIENS ecoute
〒160-8334　東京都新宿区西新宿3-2-11 新宿三井ビル　2号館14階
TEL 0120-918-273

YAMATO DRESS Le salon de minou
〒101-0025　東京都千代田区神田佐久間町3-24-3
TEL 03-3864-4660

グロッセ・ジャパン株式会社
〒107-0062　東京都港区南青山1-1-1　青山ツインタワー西館8階
TEL 03-5413-6039

【モデル着用分】

〈オビ〉
T-shirt: ¥11000 / ACUTE（zilquer）
necklace: ¥50000 / Angejouer
blacelet: ¥4590（税込）/ ABISTE
ring: ¥12000 / Grossé

〈本文プロセス写真〉
tops: ¥11000 /ACUTE（zilquer）
pierce: ¥9000 / Grossé・Glacé

洋服は（税込）表記のないものはすべて税抜表記です。

Staff List

[**モデル**]

加納奈々美（Orange）

[**写真**]

鈴木希代江／人物写真
米玉利朋子 G.P.FLAG Inc.／静物写真

[**スタイリング**]

遠藤雅美

[**アートディレクション**]

加藤京子（sidekick）

[**デザイン**]

我妻美幸（sidekick）

[**制作協力**]

坂本真理

[**SPECIAL THANKS**]

寺本衣里加
ROJITHA

[**編集**]

中野亜海（ダイヤモンド社）

［著者］
長井かおり
ヘアメイクアップアーティスト

化粧品メーカーの人気ビューティアドバイザーとして都内百貨店に勤務の後、2005年にヘアメイクアップアーティストへ転身。
雑誌・広告・映像などの第一線で、モデルや女優のヘアメイクを手がけている。「その人の個性を生かすメイク」を得意とし、また、多くのウェディングヘアメイクの現場で培った経験と技術から、「崩れないメイク」に定評がある。雑誌やウェブ媒体のメイク指南ページでの出演実績も多数。雑誌社主催イベントや、化粧品メーカー主催のビューティーイベントでのメイクデモンストレーションでも人気が高い。近年では自身のランニング経験から、スポーツをする女性に向けた「落ちないスポーツメイク」を提唱し、注目を集めている。

撮影の現場でモデル達のメイクをする傍ら、「美容を通して一般の女性の役に立ちたい」という想いから、全国でメイクレッスン講師としても活動。プロのテクニックを、一般の方にもわかりやすく、理論的に教えるメイクレッスンが評判になり、これまでのべ3000人以上の女性に「一番キレイな自分になれるメイクメソッド」を伝えている。
メーカーの偏りなく、コスメはプチプラからハイブランドまで幅広く紹介。コスメをきちんと使いこなせる技術を習得した生徒には「人生が変わった」という方が続出。流行だけに左右されない、生涯かけて使えるテクニックを、全国の女性たちに伝え続けている。

オフィシャルホームページ　http://www.nagaikaori.com/

周囲がざわつく自分になる
必要なのはコスメではなくテクニック

2016年6月30日　第1刷発行
2016年8月4日　第4刷発行

著　者——— 長井かおり
発行所——— ダイヤモンド社
〒150-8409　東京都渋谷区神宮前6-12-17
http://www.diamond.co.jp/
電話／03･5778･7234（編集）　03･5778･7240（販売）

アートディレクション — 加藤京子（sidekick）
デザイン ——— 我妻美幸（sidekick）
写真（人物）——— 鈴木希代江
写真（静物）——— 米玉利朋子（G.P.FLAG Inc.）
校正——— 小森里美
DTP ——— キャップス
製作進行——— ダイヤモンド・グラフィック社
印刷——— 加藤文明社
製本——— ブックアート
編集協力——— 坂本真理
編集担当——— 中野亜海

ISBN 978-4-478-06967-7